高校教师绩效考核
与管理体系研究

徐　畅◎著

吉林出版集团股份有限公司

全国百佳图书出版单位

图书在版编目（CIP）数据

高校教师绩效考核与管理体系研究 / 徐畅著. －－ 长春 : 吉林出版集团股份有限公司, 2022.7

ISBN 978-7-5731-1788-5

Ⅰ.①高… Ⅱ.①徐… Ⅲ.①高等学校—教师—工资管理—研究—中国 Ⅳ.①G647.3

中国版本图书馆CIP数据核字(2022)第138680号

高校教师绩效考核与管理体系研究

GAOXIAO JIAOSHI JIXIAO KAOHE YU GUANLI TIXI YANJIU

著　　者　徐　畅

出 版 人　吴　强

责任编辑　朱子玉

开　　本　710 mm × 1000 mm　1/16

印　　张　7.75

字　　数　133千字

版　　次　2022年7月第1版

印　　次　2022年7月第1次印刷

出　　版　吉林出版集团股份有限公司

发　　行　吉林音像出版社有限责任公司

　　　　　（吉林省长春市南关区福祉大路5788号）

电　　话　0431-81629667

印　　刷　天津何萱印刷有限公司

ISBN 978-7-5731-1788-5　　定　　价　78.00元

如发现印装质量问题，影响阅读，请与出版社联系调换。

前　言

　　高校教师绩效是指针对高校组织功能与特征，在考虑高校教师职业的复杂性及特殊性前提下，立足高等教育功能及高校教师职责，从教学、科研、社会服务等几个方面对高校教师业绩进行综合评价，旨在实现高校战略目标。

　　高校教师个体绩效的实现是高校社会绩效责任得以有效落实的逻辑起点，因而，高校组织效能和人才培养质量的高低关键在于是否调动了广大教师的工作积极性和创新主动性，没有教师对高校绩效责任的承担和落实，没有教师工作激情和创新理念，一切都将是空话。总之，教师是学校发展的第一资源，创建高水平大学的关键是要有高水平的师资队伍。有效的考核不仅是教师个人利益与发展的需求，也是学校科学规范管理，不断提高学校教师教学水平、科研能力、综合素质的要求。

　　高校教师绩效管理是教师人力资源管理中的重要思想。随着教师人力资源管理思想的兴起，高校教师绩效管理也开始越来越受到研究者和学校管理者的重视。研究者开始从各个方面进行高校教师绩效管理的研究，高校管理者也开始尝试着实施教师绩效管理，这些理论研究和实践尝试，对于弥补高校教师绩效管理的局限性与不足、加强高校管理者与教师之间的沟通、改进高校教师绩效提供了良好的理论与实践基础。科学的高校教师绩效管理是改进与提升教师绩效能力和水平，确保其专业成长的重要方法。如何有效地进行教师绩效管理，调动其工作积极性，促进其工作能力的提升和专业能力的成长，确保高校的可持续发展，是我国高校教师绩效管理者面临的一个重要问题。

　　在本书的编写过程中，参考借鉴了国内外学者的大量研究成果，在此对这些学者表示衷心的感谢。同时，由于时间及水平所限，本书难免存在不足之处，笔者真诚地希望读者对本书提出宝贵的意见和建议。

目　录

第一章 绪 论

第一节 绩效管理概述

一、绩效的含义与性质

（一）绩效的含义

绩效是组织的使命、核心价值观、愿景和战略的重要表现形式，也是决定组织竞争成败和能否可持续发展的关键因素。一般意义上，绩效指的是活动的结果和效率水平。对应英文中的"performance"一词，中文中与"绩效"意思相近的概念有"业绩""实绩""效绩"等。不过，这几个概念大多强调行为活动的结果，忽视了行为活动的过程，因此意思表达不够完整、准确。"绩效"这个概念不仅强调了工作活动的结果，也体现了产生结果的工作活动过程，因此为人们所普遍接受。

绩效是分层次的。按照衡量的主体，绩效可以从宏观、中观和微观的角度划分为组织绩效、群体绩效和个人绩效三个层次。这三个层次密切相关。组织绩效、群体绩效是通过个人绩效实现的，离开了个人绩效，也就无所谓组织绩效和群体绩效。此外，从绩效评价的角度看，脱离了组织绩效、群体绩效的个人绩效评价是毫无意义的，个人绩效需要通过组织绩效、群体绩效来体现。因此，组织绩效管理的最终落脚点在于对员工个人绩效的管理。

对于绩效的含义，学者们提出过三种典型观点：一是认为绩效是结果，二是认为绩效是行为，三是认为绩效是行为和结果的统一体。笔者认同第三种观点，进而将绩效定义为组织及个人的履职表现和工作任务完成情况，是组织期望的为实现其目标而展现在组织不同层面上的工作行为及其结果。这个定义一方面强调了与组织目标相关的工作活动的结果，突出了结果导向；另一方面体现了员工所表现出来的促使结果达成的工作行为及过程。在管理实践中，绩效主要是指那些需要评价的工作行为及其结果。

（二）绩效的性质

根据上述绩效的含义，绩效具有以下三个性质：

1. 多因性

绩效的多因性是指员工绩效的优劣并不取决于单一因素，而是受制于主客观多种因素。例如，一位打字员的工作绩效不仅受其态度等主观因素的影响，还受工资水平、打字机的工作状况、办公桌的高度等客观因素的影响。

2. 多维性

绩效的多维性指的是需要从多个维度或方面去分析和评价绩效。通常，企业在进行绩效评价时，会综合考虑员工的工作业绩、工作态度和工作能力等几个方面的情况，这几个方面又分别包括许多具体的评价指标。

3. 动态性

绩效的动态性是指绩效会随着时间的推移而发生变化，原来较差的绩效有可能好转，原来较好的绩效也可能变差。

二、绩效管理的含义与特征

组织的绩效是通过系统的管理活动实现的。因此，组织、管理和绩效是三个密不可分的概念。组织是管理活动及其绩效的载体，管理是组织借以创造绩效的手段，绩效是组织实施管理的目的。纵观百年管理思想史，不论是各类组织中管理者的实践摸索，还是管理学界对管理工作的理论研究，都是围绕绩效展开的。不同时期的不同管理学派虽然具有不同的研究假设及不同的观察和分析问题视角，但基本都是以改善组织绩效为探索的出发点，始终致力于提升绩效水平。从这个意义上讲，管理学发展的历史就是绩效管理探索的历史。

作为绩效改进的一种探索和方法，绩效评价概念的形成先于绩效管理的提出，但是在实践过程中，绩效评价逐步显露出各种弊端。在这一背景下，20 世纪 70 年代后期，学者们在总结绩效评价局限性的基础上，进一步丰富了绩效的内涵，并提出了绩效管理的概念，特别是 20 世纪 80 年代后期和 90 年代，出现了关于绩效管理含义的不同观点，主要有以下三种：第一种观点将绩效理解为组织绩效，即认为"绩效管理是管理组织绩效的系统"，强调通过对组织架构、生产工艺、业务流程等方面的调整实施组织的战略目标，员工虽然会受到这些调整的影响，但并不是绩效的重点考虑对象；第二种观点将绩效理解为单纯的员工绩效，即认为"绩效管理是管理员工绩效的系统"，强调以员工为核心的绩效管理概念；第三种观点将绩效理解为组织绩效与员工绩效的总和，即认为"绩效管理是综合管理组织和员工绩效的系统"，强调绩效管理的中心目标是挖掘员工的潜力，提高他们的绩效，并通过将员工的个人目标与企业战略结合在一起来提高组织的绩效。

笔者认同第三种观点，因此将绩效管理定义为人力资源管理体系的一个模块，即通过管理者与员工之间达成的关于目标、标准和所需能力的协议，在双方相互理解的基础上使组织、群体和个人取得较好工作结果的一种管理过程。简言之，绩效管理指的是管理者用来确保员工的工作活动和工作产出与组织目标保持一致的手段及过程。

根据绩效管理的含义及相关实践，可归纳出绩效管理的一些基本特征：

（1）绩效管理是防止员工绩效不佳和提高工作绩效的有力工具。这是绩效管理最主要的目的。

（2）绩效管理特别强调沟通辅导及员工能力的提高。绩效管理强调通过沟通辅导的过程达到它的开发目的。绩效管理不是强迫员工工作的"棍棒"，也不是权力的炫耀。事实上，各种方式的沟通辅导贯穿整个绩效管理系统。

（3）绩效管理是一个过程，是一个包括若干环节的系统。绩效管理不仅强调绩效的结果，而且重视达成绩效目标的过程。它不是一年一次的填表工作，不是最后的评价，而是强调通过控制整个绩效周期中的员工的绩效情况来达到绩效管理的目的。

（4）绩效管理不是简单的任务管理。任务管理的目的紧紧围绕实现当期的某个任务目标，绩效管理则是根据整个组织的战略目标，为了实现一系列中长期的组织目标而对员工绩效进行管理。因此，绩效管理具有重要的战略意义。

三、绩效管理的理论基础

绩效管理理论在形成和发展过程中吸纳了各种管理理论的思想和方法，是各种管理理论在绩效管理领域整合和应用的结果。绩效管理的理论基础通常包括一般理论基础如控制论、系统论、信息论、行为科学、管理学等；还包括直接理论基础如目标管理理论、管理控制理论、成本收益理论、权变理论、激励理论等。

（一）绩效管理的一般理论基础

1. 控制论

在控制论中，"控制"是一个有组织的系统，管理者根据内外部的各种变化进行调整，不断克服系统的不确定性，使系统保持具有某种特点的状态，是一种施控主体对受控主体的能动作用，这种作用能够使受控主体根据施控主体的预定目标而实施动作，并最终达到预定目标。就一般的控制系统而言，有三个基本的思想，即控制或限制、指导或命令、校对或检验，体现在控制系统的四类逻辑相关环节的封闭循环中。控制论的基本理念和方法在管理领域得到广泛的应用，几乎任何管理系统都没脱离这样的设计思想。现代绩效管理方法体系中也随处可见控制论方法的影子。

2. 系统论

系统论的基本思想方法，就是把研究和处理的对象当作一个系统，分析系统的结构和功能，研究系统、要素、环境三者的相互关系和变动的规律性。系统论对绩效管理的影响主要体现在为绩效管理的过程提供一种理念上的指导，使人们从战略角度对绩效管理进行全面研究，帮助人们在研究绩效管理各个具体问题时，注重研究它们之间的关系及其相互影响。这是因为绩效管理涉及组织的各个部门和领域，各部门和领域的绩效既相对独立，又相互联系。显然，绩效管理系统作为企业或其他组织管理系统的子系统，必定与其他子系统及其母系统之间存在着互动与适配关系。

3. 信息论

信息论是关于信息的本质和传输规律的科学理论，是研究信息的计量、发送、传递、交换、接收和储存的一门新兴学科。

随着信息科学研究的深入和发展，信息观念被引入企业（组织）管理系统，逐渐形成管理信息系统的基本观念。信息论的基本原理对绩效管理的形成、评价指标的确定和取得及绩效管理运行等方面的指导作用是相当显著的，并且还有助于在绩效管理中形成一种信息优势。因为绩效管理实质上就是对绩效信息的管理。

4. 行为科学

行为科学从社会学、心理学的角度研究社会结构、环境条件、人与它们之间的相互关系，以及人的动机及其所产生的行为对提高工作效率、发挥主观能动性的影响。行为科学的基本思想是把人视为"社会人"而不是"经济人"，认为管理应该由原来以"事"为中心的"监督"管理，发展为以"人"为中心的"人性的激发"管理，由"独裁式"的管理发展为"民主参与式"的管理等。行为科学的基本思想对绩效管理理论具有深刻的影响，如现代绩效管理强调对"行为"和"结果"的共同关注，强调"参与"和"沟通"，这都是来自行为科学的指导。

（二）绩效管理的直接理论基础

1. 目标管理

目标管理概念由彼得·F.德鲁克（Peter F. Drucker）于19世纪50年代首先提出。目标管理简单来说就是根据目标进行管理，即围绕确定目标和实现目标开展一系列的管理活动。目标管理的关键不是"目标"，而是"管理"。一切管理行为的开始是确定"目标"，执行过程也以"目标"为指导，管理行为的结束则以"目标"的完成度来评价管理效果。目标管理的思想是在批判地吸收了古典管理理论和行为科学的成果并总结了以往大量管理实践经验和教训的基础上提出来的。既注意了人与人的关系，又遵循了科学管理的原则，通过目标把人和工作统一起来。这种理论和方法正逐渐成为当代企业（组织）管理体系最为重要的组成部分之一，甚至被称为"管理中的管理"。现代绩效管理的核心流程与目标管理的基本步骤如出一辙，与其说目标管理是绩效管理的理论基础，不如说目标管理本身就是一种绩效管理方法。

2. 管理控制理论

管理控制理论是以系统论、控制论思想对管理问题进行研究的新兴学科。一开始主要在财务、会计、审计领域应用，后来扩展到一般管理领域。近些年，研究者、管理者越来越多地认同，它在复杂、多变的管理情景下，对战略指导、战略实现具有重要作用。这一理论有两个研究思路：一是广义管理控制，认为管理控制是组织采取的引导员工实现组织目标的所有方法和手段，强调管理控制就是管理的控制职能，其内涵就等于内部控制。二是狭义管理控制，它以控制论为理论基础研究管理控制问题，认为管理控制是"经理人员为实现组织目标而确保资源使用和分配有效果和有效率的过程"，是为组织信息的寻找、收集、传输、处理和反馈而设计的系统，目的在于确保组织适应外部环境的变化，并根据一系列经营目标衡量员工的工作行为，以使二者的差异得以协调和纠正。它的目标是经营管理活动的效率和效果，控制主体是管理层，控制对象是战略执行过程。狭义说模型思路清晰、体系完善，对绩效管理的研究具有直接的借鉴意义。目前的绩效管理理论部分地体现了它的思想，但并不完善。

四、绩效管理的地位和作用

（一）绩效管理的地位

随着社会的发展，人力资源管理在制定和执行企业（组织）战略方面的参谋与咨询作用日益加强。人力资源管理是一个完整的系统，由人力资源规划、绩效评估、培训开发、薪酬激励与认可等部分组成。绩效管理在其中占据着核心的地位，起着重要的作用。绩效管理的功能能否发挥，在很大程度上取决于绩效管理系统是否能与人力资源管理的其他系统之间实现有效的对接。要使绩效管理系统发挥应有的作用，必须注意两个方面的问题：其一，必须使绩效计划建立在组织目标管理与工作分析基础之上，即明确岗位职责并对任职资格做出要求；其二，绩效评价的结果必须应用于优化薪酬体系、员工甄选、员工培训与开发等方面。

1. 明确岗位职责

实施绩效管理的基础是对企业（组织）各个岗位的职责进行分析，即工作分析。工作分析可以明确各个岗位的职责是什么及对任职资格做出相关要求。因此，绩效管理也可以理解为企业（组织）根据工作分析所明确的岗位职责及完成职责的标准，通过制定岗位绩效考核指标，并采用一定方法实施、考核、沟通与改进管理活动。

2. 优化薪酬体系

绩效是企业（组织）制定员工薪酬的重要依据，体现了按劳分配、按能力计酬的分配原则。当前，企业（组织）中盛行的 3P 模型薪酬体系，就是通过职位价值、绩效和任职者的胜任力决定薪酬。由此可见，绩效是确定员工薪酬的一个重要因素。尽管在不同的组织中，采用不同的薪酬体系，但是在现代化绩效管理模式中，一般是职位价值决定了员工薪酬中比较稳定的部分，而绩效则决定了薪酬中变化的部分，如绩效工资、奖金等。

3. 协助员工甄选

企业（组织）员工的综合素质，通常可以通过"潜质"与"显质"两个方面加以确认。"潜质"即员工的价值观、态度、性格、能力倾向或行为风格等。在进行人员招聘或开发的过程中，企业（组织）通常采用心理和个性测验、行为性面谈及情景模拟技术等方式对员工进行测试，并以此推断员工在未来的情境中可能表现出来的行为特征。"显质"即员工的业绩和行为，绩效考核主要针对员工的"显质"进行，是对员工过去的业绩和行为进行评估，并总结出具备哪些特征的员工适合本企业（组织）。因此，在招聘或选用人才过程中，绩效考核所累积的历史资料或经验是企业（组织）有效甄选员工的重要依据。

4. 助推人力资源培训开发

绩效管理的主要目的是了解员工在工作中的优势与不足，进而改进和提高绩效。因此，在绩效考核评价后，根据绩效考核评价结果，开展员工培训开发以改进和提高绩效就显得尤为重要。企业（组织）管理人员往往需要根据被评估者的绩效评价结果与被评估者共同制订绩效改进计划和未来发展计划。人力资源部门则进一步设计整体的培训开发计划，并组织实施。

（二）绩效管理的作用

1. 促进组织和个人绩效的提升，为实现组织目标提供保障

绩效管理在工作分析的基础上，通过设定科学、合理的绩效计划（目标），为企业（组织）员工指明了努力方向。管理者通过绩效辅导沟通及时发现员工工作中存在的问题，并及时提供必要的指导和支持；员工根据指导和支持，改进工作态度及工作方法，保证绩效目标的实现。通过客观、公正的绩效考核评价，明确个人和部门对组织的贡献，激励高绩效部门和员工继续努力提升绩效，督促低绩效部门和员工找出差距并改善绩效。在绩效反馈面谈过程中，通过考核者与被考核者面对面的交流沟通，帮助被考核者分析工作中的长处和不足，制定详细的绩效改善计划和实施举措，促进个人发展。经过这种绩效管理循环，组织和个人的绩效会得到全面提升。另外，通过发挥绩效管理对员工甄选与区分的作用，保证优秀人才脱颖而出，吸引外部优秀人才，淘汰不适合人员，使人力资源能满足组织发展的需要，促进组织绩效和个人绩效的提升。

2. 优化管理流程和业务流程，构建现代化管理模式

企业（组织）管理通常是对人、事的管理，对人的管理主要是激励约束问题，对事的管理是流程问题。在管理过程中，一件事情或者一项业务因何而做、由谁来做、如何去做、做完了传递给谁，都是流程问题，这四个环节直接关系着组织工作效率和利益。无论是对人还是对事的管理，其目的都是提高工作效率和保证组织整体利益。因此，在绩效管理过程中，各级管理者都应该在上述四个方面不断进行调整优化，使组织运行效率逐渐提高。在提升组织运行效率的同时，也逐步优化组织管理流程和业务流程，构建现代化管理模式。

3. 分解任务，明确职责，保证组织战略目标的实现

企业（组织）一般都有比较清晰的发展思路和战略，有近期发展目标及远期发展目标，在此基础上企业（组织）根据外部环境的预期变化及内部条件，制定出年度计划，并在此基础上制定组织年度工作目标。企业（组织）管理者将组织的年度目标向各个部门分解，以此制定部门的年度业绩目标。各个部门向每个岗位分解核心指标，以此制定每个岗位的关键业绩指标。年度目标在制定的过程中要有各级管理人员的参与，让各级管理人员及基层员工充分发表自己的看法和意见，这种做法一方面保证了组织目标可以层层向

下分解，不会遇到太大阻力，同时也能使目标的完成具备群众基础，促使组织目标的实现。对于绩效管理而言，组织年度目标的制定与分解是最为重要的环节，这个环节的工作质量对绩效管理能否取得实效是非常关键的。同时，绩效管理能促进和协调各个部门及员工朝着组织预定目标努力，形成合力，最终促进组织目标的完成，从而保证组织近期发展目标及远期目标的实现。

第二节　高校绩校管理研究价值

一、健全学校竞争机制和激励机制

一个科学的高校绩效管理体系能客观、全面、准确地评价教职工个体及其整体队伍的能力和水平，准确地反映教职工队伍现状与有关岗位需要相适应的程度、教职工的工作质量是否符合要求等方面的信息，为教职工的职务升降、聘任及今后工作发展提供重要的参考依据。它可以帮助人们清楚地认识到自己工作中存在的问题和差距，对教职工的工作积极性产生鞭策和激励作用，也为高校管理层更好地进行统筹管理、决策和控制提供科学依据，有助于建立科学、规范、公正的竞争机制和激励机制。

二、提升学校管理水平和核心竞争力

应用型本科院校大多是近十多年来新升格的地方院校，在社会服务能力、经费保障、发展空间等方面，面临的困难更多，压力更大，任务更艰巨。如何在日趋激烈的竞争中生存并实现可持续发展是这些院校需要考虑的问题。实行高效率的绩效管理是一个有效的方法，它能够切实推进教师队伍建设，提高教学科研水平，从而提高学校竞争力。

三、推进高校绩效管理研究

应用型本科院校无论是在办学定位、学科方向、专业结构、课程体系还是在教学环节等方面，都有着自身的特点，其绩效管理，不仅不能简单地套用企业和公共领域的绩效管理方式，更不能照搬那些研究型大学的绩效管理体系，它必须有自己的特色。并且，根据当前的研究现状，应用型本科院校绩效管理的研究几乎处于空白状态，因此对应用型本科院校绩效管理的研究有着一定的理论意义和较大的现实作用。

第二章 高校教师校绩效管理的基本理论

第一节 关系绩效理论及其在高校的应用

关系绩效是员工整体绩效的一部分，它与任务绩效共同构成员工对组织的贡献价值，对组织效能有着重要意义。在信息时代，社会对产品和服务质量提出了更高要求，团队合作、主动服务、有效对外协作等变得更为重要，对于许多工作者而言，服从组织目标、主动服务社会、主动与同事合作、积极帮助同事、支持上级、主动承担社会责任等周边行为越来越受到组织的重视，关系绩效理论因此得到广泛关注并被迅速运用到各领域人力资源管理中。

一、关系绩效理论概述

（一）关系绩效的内涵

对于绩效的含义，从不同的角度看会有不同的理解。一种观点认为绩效是结果，Bermanlin 等人（1984）将绩效定义为"在特定时间范围，在特定工作职能或活动上生产出的结果记录"；另一种观点认为绩效是行为，Murphy（1990）指出："绩效被定义为一套与组织或组织单位的目标相互关联的行为，而组织或组织单位则构成了个人工作的环境。"

实际上，绩效既包括工作结果也包括工作行为，正是从这个意义上，Motowidlo 和 Scotter 于 1993 年提出了绩效二元结构模型。他们从两个方面来划分绩效：一个方面是任务绩效，另一个方面是关系绩效（也称周边绩效）。任务绩效是与被考核人员的工作内容、能力、完成任务的熟练程度和工作知识密切相关的绩效，包括完成工作的数量、质量、时效和成本费用等方面的内容。关系绩效与绩效的组织特征密切相关，是指对达成职责、任务，以及对组织运行有影响的支持性工作因素，是一种心理和社会关系的人际和意志行为，涉及责任心、工作品质、团队协作、服务等以行为描述来评价的方面。

Motowidlo 确定了五类有关关系绩效的行为：（1）主动地执行不属于本职工作的任务；（2）工作时表现出超常的工作热情；（3）工作时帮助别人并与别人合作；（4）坚持严格执行组织的规章制度；（5）履行、支持和维护组织目标。

（二）关系绩效的影响因素

影响关系绩效的因素有很多，主要有组织环境、员工个性与认知因素等。组织文化会给关系绩效提供孕育和发展的环境。一般而言，强调关系的组织与片面强调生产率的组织相比，更看重员工的关系绩效，员工也就更愿意表现出关系活动，工作满意感比较强，离职、旷工行为都相对较少。个性是影响员工关系绩效的重要因素，许多关于个性和绩效关系的研究表明，在大五人格理论中的外倾性、宜人性、责任感、开放性方面分数高的个体，在组织中倾向于表现出更高的关系绩效水平。员工对自己所处环境的知觉也是一个影响因素，如果员工认为自己有机会受到提拔，则关系绩效的水平会有显著提高。员工对组织报酬公平与否的知觉，也同样影响关系绩效水平，如果员工感觉到公平性，或者认为关系绩效与组织的薪酬方案有关，他们则更愿意表现出关系绩效活动，反之亦然。

二、关系绩效理论在高校绩效管理中的应用

教育教学具有明显的公益性、协作性和产出的不确定性等特点，是一种相对特殊的服务活动，教育者（教职工）对学校及社会的贡献主要通过具体行为来反映。因此，关系绩效在对教职工绩效评价中的作用就显得尤为重要。近年来，我国高校绩效管理进行了很多尝试，但多以任务导向为主，教职工绩效简单追求任务的完成为目标，关系绩效被严重忽视。其结果是教职工行为出现一定程度偏离，最终影响教育教学质量。加强关系绩效在高校的应用、完善教职工绩效评价机制，对于高校事业健康发展具有十分重要的意义。

（一）高校关系绩效评价维度

因为教育活动的特殊性，在研究教职工周边行为的构成及表现时，要把握好以下五个维度：

1. 工作责任感和工作热情维度

教职工高度的工作责任感和工作热情对提高教育教学质量十分重要，是教职工关系绩效的第一维度。这一维度主要表现在教职工对工作认真负责，在工作中表现出超常热情和持续激情；能够主动地投入到教学、科研和学校的发展建设中，并积极探索和研究教育领域出现的新情况、新问题；不断学习和应用新的教育教学技术和方法；关心学生，服务学生，积极为其解决各种困难

等。这些行为通常并不是教职工的任务绩效，但对于教职工个人及高校的整体绩效却有着巨大的影响，绩效管理应重点考虑这一维度。

2. 协作与利他行为维度

人的活动可分为利己和利他两种，教育活动是一种典型的利他行为，在现代化教育理念中，全员育人已是共识。正因如此，教职工需具有良好的团队协作精神，应当善于与同事分享工作经验，积极帮助同事解决工作中遇到的困难和问题，提高工作效能。同时，要建立起良好的人际关系，在工作中与同事组建和谐团队。此外，教育主要面向的群体是学生，教职工还需主动加强与学生的沟通，帮助学生解决困难，努力提高人才培养质量。这些行为有利于营造学校良好的组织氛围，塑造良好形象，从而获得更多的社会支持和认同。

3. 主动工作与额外付出维度

有相当一部分教职工认为，自身的职责是完成学校规定的教学科研任务，其实对教育工作而言，这是远远不够的。高校主要承担的任务是人才培养、科学研究和社会服务，这些工作最终都需要教职工来完成。因此，教职工除了完成常规教学科研任务，还必须要主动承担更多的额外教学任务或其他工作。比如：主动加班、主动参与各类社会服务与实践；在闲暇时间主动学习，不断提高自身教育教学水平等。

4. 对学校的认同和支持维度

从社会学角度讲，学校是一个机体组织，教职工是其重要的组成部分，又与组织有着密不可分的关系。他们对学校的认同和支持主要体现在把学校整体利益放在自身利益之上，给予学校高度认可和支持。具体表现为对学校的高度认同，在言行上表现出对学校的忠诚，内心具有作为教职工的自豪感和归属感。能积极参加学校安排的各项活动，能够牺牲个人利益来维护学校整体利益。还表现出支持学校目标，传播学校良好意愿和维护学校形象，推动学校发展，对学校做出组织承诺等行为。

5. 遵守规则和程序维度

任何组织的良性运转，都必须要有自己的规则制度，学校也不例外，要有完整的规章制度来约束教职工的行为。教育工作是一项十分严谨的专业活动，国家为各项教育活动制定了科学的程序和标准。因此，教职工必须遵守法律法规及学校各项规章制度，服从学校工作安排和上级指示，遵守纪律及各项教学活动的技术规程和程序规范等，才能确保教育质量。这是学校有效管理、良好运转的前提。对学校而言，只有将教职工行为的合规性和程序性纳入考核和管理的范畴，才能实现各项教育教学活动的标准化、程序化和规范化。

（二）高校关系绩效管理的实施

1. 完善关系绩效评价体系

现阶段教职工的绩效评价都是从"德、能、勤、绩、廉"等方面进行，在形式上表现为任务绩效和关系绩效结合。但在实际运行中往往只对任务绩效进行考核，很少对关系绩效进行评价。在现代化管理理念下，管理者不能因为关系绩效的内容难以明确就选择忽略。强化教职工关系绩效管理，可以按照以上关系绩效的五个维度确定评价内容，将每个维度的内容细分成不同的指标，同时对每个维度的指标进行量化，合理确定不同指标权重，以形成完整的评价指标体系，明确评价每一项具体内容。

2. 建立标准，规范关系绩效行为

关系绩效管理要达到应有效果，必须建立起行为规范标准，这是有效评价关系绩效和规范教职工行为的重要依据。特别是教职工关系绩效行为只能在教育教学工作过程中体现出来，比较难量化，因此确定相关标准十分重要。学校要制定和完善教育教学工作流程及相应行为标准，并组织教职工学习掌握这些规范和标准，引导教职工正确实施工作，使各类行为达到标准要求，提高周边行为的合规性。

3. 建立专家评价与学生参与的绩效评价机制

当前，对教职工的考核评价特别是关系绩效的考核，往往还是由学校管理者主导，学生与相关专家人员参与度不高，不能完全反映真实状况。尽管关系绩效比较难量化，但正如前文所述，教育主要面向的群体是学生，学生满意度是重要的评价标准。因此，在绩效考核过程中，应提高学生评价比重，将学生满意作为衡量教职工关系绩效的重要依据。同时，为确保对教职工关系绩效进行更为全面与合理的考核，在学生评价的基础上应加入专家考评要素，以对教职工行为进行专业评价，这样评价结果将更为科学合理。

4. 建立有效的绩效评价反馈机制

教职工关系绩效管理的目的是促进教职工行为模式的改变，进一步提高整体绩效。因此，得出评价结果并不意味着绩效管理过程的完成。在教职工关系绩效评价结束后，学校应当将评价结果及时反馈给教职工，并帮助他们分析在周边行为中存在的问题，总结经验，提出改进的办法与具体措施，为今后优化行为指明方向和提供行动指南，并建立起有效的关系绩效评价反馈机制。

5. 健全关系绩效激励机制

教职工关系绩效行为不是硬性规定行为，它要求个体具有较强的主观能动性，在本质上是一种自我激励的裁量行为。建立有效的激励机制是激发教职工周边行为、提高教职工关系绩效的重要途径。可以从以下两个方面着手：一是建立有效的物质激励机制，将教职工周边行为纳入整体绩效常规考核之中，与津贴、加薪、奖金等有效挂钩；二是建立有效的精神激励机制，授予关系绩效考核优秀的教职工相关"荣誉称号"，通报表彰，并与职称晋升、职务提拔等相联系，通过多种途径实现内在激励，提高激励的有效性。

6. 构建有利于关系绩效的良好环境

人的行为受情境、人际技巧等多种组织环境因素影响，构建出支持教职工周边行为开展的良好环境是有效实施关系绩效管理的前提。一方面，学校需要建立公开、公正、公平的运行模式，因为组织公平程度高，员工处于透明、公开、公正的组织环境中，教职工更愿意表现关系绩效行为；另一方面，要建立起以爱心、责任、奉献、协作为核心的现代校园文化，通过现代校园文化来引导教职工的行为优化。

第二节　利益相关者理论及其在高校的应用

利益相关者理论是 20 世纪 60 年代在西方国家逐步发展起来的，进入 20 世纪 80 年代以后，其影响开始扩大。经过 R. 爱德华·弗里曼（R.Edwerd Freeman）、玛格丽特·M. 布莱尔（Margaret M.BLair）、R. K. 米切尔（R.K.Mitchell）等学者的共同努力，形成包括利益相关者的识别、分类及利益相关者的关系与管理方法等一系列的理论框架，并在营利性组织（主要是企业）中得到了广泛运用，促进了企业管理理念和管理方式的转变。随着该理论的成熟，一些研究者也将该理论的运用拓展到了非营利性组织。

一、利益相关者理论概述

（一）利益相关者理论分析

利益相关者也被称为权益人，1963 年由斯坦福研究院首次提出，迄今为止已有二十多种定义。学者们趋向于把利益相关者的界定分为两类，即广义的利益相关者和狭义的利益相关者。广义的利益相关者通常归纳为能够影响组织或被组织影响，从而最终影响到那些有合法权益要求的人。这种定义比较宽泛，没有针对具体组织特征，因此利益相关者理论在组织中的实际应用可操作性不强。

狭义的利益相关者弥补了广义定义的不足，通常以斯坦福研究院的定义为代表，即利益相关者是这样一些团体，没有其支持，组织就不能生存。可见，狭义的利益相关者定义是根据组织的具体情况而定的，一些研究者依据狭义利益相关者定义的特点，从不同角度对组织的利益相关者进行细分。其中，"多维细分法"和"米切尔评分法"在利益相关者界定中逐渐成为最常用的分析工具。"米切尔评分法"是美国学者米切尔于 1997 年提的出将利益相关者的界定与分类结合起来的定量评价方法，他利用权力性、合法性、紧迫性三个属性来刻画利益相关者的重要性，将其细分为确定型、期望型、潜伏型利益相关者三类。提出管理者应给予确定型利益相关者最高的关注度，对这类群体的要求应最优先地给出及时的回应，否则有可能对组织目标的实现产生不利影响。对期望型利益相关者也应关注，因为他们有动机去寻求第三种属性。而对潜伏型利益相关者的关注度可以较低，因为他们暂时不会对组织产生重大影响。

（二）关键利益相关者分析

基于上述分析，一个组织必然会面对众多利益相关者的不同诉求，而组织重点要关注的是对组织产生重要影响的利益相关者，通常被称为关键利益相关者或关键权益人。组织应首先满足这些相对重要的利益相关者的利益需求以保证其目标的顺利实现。组织的关键利益相关者有可能是团体，也可能是个人。关键利益相关者应该具有两个特点：首先，对实现组织的目标有持续的帮助；其次，如果失去该利益相关者，组织的目标就难以实现。

二、利益相关者理论在高校绩效管理中的应用

（一）利益平衡思想分析

高校作为公共组织，其组织使命、组织目标、组织结构、运作方式、管理目的都与企业存在很大差别。企业以盈利为目的，其组织目标明确而统一，而高校是非营利性组织，其组织目标和利益相关者的目标不尽相同。因此，高校在实施绩效管理时，组织内部执行力远不及企业。在高校实行绩效管理也是为了更好地执行战略，高校绩效管理实施起来相对困难的根源在于执行战略的关键利益相关者的积极性和主动性不够，这就需要管理者分析和关注利益相关者的利益诉求，并将组织目标和关键利益相关者利益有机融合，使组织目标与利益相关者目标趋于一致，形成战略执行的动力。

由于高校的利益相关者众多，无法满足或完全平衡所有利益相关者的利益，只能首先满足或尽量平衡一部分关键利益相关者的利益。又由于利益相关者是动态的，所以其利益需求与平衡必须与战略执行的具体行动相结合。高校基于战略执行来寻找关键绩效单元和关键利益相关者，是一种确定关键

利益相关者的方法，即把执行战略的关键举措的团体或个人定义为关键利益相关者。之后，将利益平衡的思想贯穿绩效管理全过程，完成从"战略分解—制定计划—组织实施—绩效测评—激励反馈"的整个循环过程。

（二）利益平衡思想应用

1. 将利益相关者利益平衡与战略分解相结合

为了更好地实现组织目标，绩效管理往往从分析和确定组织战略出发。在了解组织使命、愿景及运作流程后，高层管理者得出组织战略，在此过程中，需要考虑顶层的关键利益相关者利益，将关键利益相关者利益融入组织的战略目标。如果必要且可行，可以对组织战略和运作流程进行适当的调节。同时，进行战略分解，将最高层次的组织战略分解到各个子系统和管理层面，使得各个层面的目标与系统整体战略目标保持一致。由于战略是逐层根据不同层面的功能块或关键绩效单元展开分解的，依据相对应的逻辑关系就能得到各个层面执行战略的关键举措。在进行战略分解时仍然需要考虑不同层面利益相关者利益，并首先平衡关键利益相关者利益，这样就使得组织目标和关键利益相关者的利益相互融合，保证组织整体目标、各功能模块的目标和关键举措所对应的个人目标的共同实现。

2. 将利益相关者利益平衡与构建绩效评价指标体系相结合

将利益相关者利益平衡与构建绩效评价指标体系相结合，需要厘清企业（组织）的战略逻辑。所谓战略逻辑是指企业（组织）管理人员（一般为高层管理者）在制定战略时所依据的想法与推理，战略逻辑说明了为何管理人员认为战略有效。战略逻辑联结着企业（组织）战略所要达成的目标和具体的做法。通常情况下，企业（组织）的战略逻辑会通过战略逻辑图清晰明了地呈现。战略逻辑图，简单地说，就是一个描述企业（组织）战略的工具，一般以图表（图像）的形式将企业（组织）的战略目标转化为由关键举措和相对应的关键绩效指标组成的紧密系统。战略逻辑图为组织实现战略提供了一套基本的内在逻辑，通过战略逻辑图很容易找到组织的关键举措和相对应的关键绩效指标，同时也反映出实现关键举措的关键利益相关者。在战略分解过程中获得关键举措后，可以运用战略逻辑图将关键举措划分到不同的功能模块的关键绩效单元中。由于关键举措是对部门（各功能模块）或个人的基本要求，因此可以依据该部门的关键举措得到该部门或个人的岗位职责，也可以根据战略的调整对过去该部门岗位职责进行修订。一般情况下关键举措是对一个关键绩效单元（或是某一部门）的基本岗位职责要求。

经过战略分解，找到关键举措后，也就得到了某一部门的关键绩效指标。

在获得关键绩效指标后，需要将关键绩效指标反馈到相应部门，由相应部门对其绩效指标体系进行预测评，再交由专家组进行讨论，修正相应权重，从而实现关键利益相关者的利益平衡，最终保证绩效管理的顺利推行。

第三节 双因素理论及其在高校的应用

20 世纪 50 年代，美国心理学家、管理理论家弗雷德里克·赫茨伯格（Frederick Herzberg，以下简称"赫茨伯格"）等人采用"关键事件法"，对 200 多名工程师和会计师进行调查访问，提出了双因素理论，又叫激励保健理论。随着市场经济的发展和高校改革的不断深入，赫菠伯格的双因素理论在激励问题上给高校管理提供了很好的理论依据和借鉴。

一、双因素理论概述

双因素理论的基本观点包括：（1）与人的工作动机有关的因素有两类，一类为保健因素（企业政策、工作环境、工资水平、人际关系、福利、安全等）；另一类为激励因素（成就、认可、成长发展、责任感等）；（2）保健因素与激励因素的关系相当于外部动机与内部动机的关系。双因素理论揭示了人的工作动机受保健因素的制约和激励因素的影响。当保健因素得到基本保障与满足，而激励因素又得到充分调动时，人的工作积极性才能充分发挥出来。其中，保健因素（外部动机）是使人安心工作的前提条件和基础，但此因素只能保证大家没有意见，企业（组织）内部相安无事。而要保证企业或组织职工能创造一流的工作业绩，还必须重视激励因素（内部动机）的调动。只有这样才能提高士气，激发职工的进取心。

二、双因素理论在高校绩效管理中的应用

（一）克服管理就是服从的心理倾向和认识偏差，树立工作动机双因素激励意识和管理理念

在高校领导的教育管理工作理念中，常常有一种层级管理心理倾向和认识偏差，那就是下级必须绝对服从上级的层级管理思想，以及满足了大家的保健因素没有什么可挑剔的意识。这种管理上的认识误区，忽略了人的工作动机和主观能动性、积极性、责任感受激励因素的影响，认为一个单位或部门的保健因素得到满足之后，工作效率自然提升。殊不知，这种心理导致学校的工作处于沉闷状态和教职工只要服从管理、完成工作就可不必多问的盲

从性现状。长此以往，必然导致教职工的主人翁意识和成就感的缺失。因此，作为高校领导者，在从事高校管理工作的过程中，要在重视保健因素的同时，高度重视对教职员工激励因素的调动，克服管理就是服从的思维定式和认识上的偏差，逐步树立并不断增强应用激励因素意识和管理理念。在管理工作中，要特别注重给教职工更多的主人翁意识和成就感，并根据其能力提高要求和完成工作任务的质量，逐步扩大其工作范围，不断增强其成就需要，使工作本身成为一种强有力的激励因素。这对加强和改进高校管理工作，特别是激发广大教职工以主人翁的精神状态参与学校的民主管理，调动工作的积极性和创造性无疑是很有帮助和启发的。

（二）应用双因素理论指导高校津贴分配制度改革

应用双因素理论指导高校津贴分配制度改革工作，一个重要的启示和原则是，把教职工的工资与奖金（津贴）分开，使二者都成为激励因素，这具有较强的普遍适用性。把这一理论作为高校校内津贴分配制度改革的一个原则和重要激励因素，首先，有利于培养和树立教职工的主体意识、责任意识、岗位意识和主人翁精神，这一点已在近几年的高校校内津贴分配制度改革实践中得到了充分调动和体现。其次，打破了分配制度上"吃大锅饭"的绝对平均主义观念，克服干多干少、干好干坏一个样的不合理状况，体现了按劳取酬、优劳优酬原则；同时，通过制定合理的校内津贴分配制度并有效地实施，极大地调动了广大教职工的积极性，普遍激发了广大教职工的爱校热情和校荣我荣、校衰我衰的观念意识，有力地推动了高等教育大众化阶段的高校教育事业改革建设与发展。最后，充分发挥津贴在教职工工资收入中的杠杆调节作用并将其作为体现教职工对工作的认可、业绩与成就、事业发展与责任感的重要激励因素，使教职工体验到工作的意义和被赋予的责任，并通过考核知晓工作的结果；同时，应用双因素的有效调动与激励，进一步反映了教职工物质需要与精神需要之间的关系，从而把物质奖励与精神奖励有效结合起来，使高校各级领导和管理层面对教职工的管理实现以物质需要为基础、精神需要为主导，物质文明与精神文明一起抓的良性发展状况。

（三）双因素理论在高校绩效管理应用中需注意的几个问题

双因素理论给高校管理提供了良好的理论依据，但同时，我们需要对双因素理论适用的范围作出理性分析，并对管理活动进行有效改进和调控，以求获得更好的管理效果。

首先，高校在应用内激励因素对工作进行再设计时，要注重人文关怀。

重视工作动机的内激励因素可激发人们的进取心和工作的积极性，因此作为高校的领导者和管理者，可应用内激励因素对教职工的工作进行再设计，以促进和推动高校管理工作的扩大化和丰富化。高校在给教职工更多的主人翁感的同时，根据教职工的专长和工作能力及部分岗位可以实行弹性工作制的特点，多为其安排有挑战意义和关键性的工作（工作扩大化和丰富化），让他们参与教学、科研、行政管理等的工作计划、设计和组织管理，以增强教职工的成就需要。同时，高校对教职工进行工作再设计过程要给予有效关注，既要注重把握管理的核心是对人的管理这一要素，克服高校管理中只管不理的弊端，解决教职工再设计工作中无法自行克服的困难，又要增加过程关怀激励，把内激励与过程关注、精神鼓动与人文关怀及思想工作有效结合起来，以提高教职工参与工作再设计过程的士气，进一步体现其成就和管理绩效及工作的发展性，体现其成长发展，使新的工作本身成为一种强有力的激励因素。其次，高校应用和借鉴双因素理论进行管理时要考虑公平性维度。随着市场经济体制的发展，高校教职工群体也树立了以市场体制为特征和导向的竞争、效益意识，但因受经济体制转型过程中法制不健全、导向调控机制不完善的负面影响，以及市场经济本身所特有的求利性因素影响，少数教职工在思想上出现了以市场价值论个人价值，过分地追求和强调个人利益的极端个人主义倾向，导致在高校管理工作和思想教育中，常常遇到这样的情况：由于教职工的知识与能力水平、责任心与成就感、素质与觉悟程度的差异，他们在对待工作的态度和责任、履行岗位责任和工作绩效上呈现出不同乃至较大的差别。如在体现劳动报酬的津贴分配问题上，存在同岗同酬不同效、忙闲不一、苦乐不均的现象，使不同的教职工群体产生了不同程度的不公平感。因此，在应用和借鉴双因素理论指导和处理教职工的教学、科研等工作（包括工作再设计）安排和过程监控、年度考核及津贴分配时，要按照讲求效率、考虑和兼顾公平的原则进行有效调节，把双因素理论与公平性原则有机结合起来。只有树立公平性思维，才能更大程度地避免管理工作中"鞭打快牛"的不合理现象，防止个别教职工存在"会哭的孩子有奶吃"的取巧心理，以强化教职工的公平道德意识和成就意识。同时，按照双因素理论和公平性原则，并应用道德调节，建立奖勤罚懒、公平竞争制度、业绩考评和道德调控机制，使高等学校的管理工作由事务型管理向科学化管理转变。

第四节 平衡计分卡理论及其在高校的应用

平衡计分卡是哈佛商学院的领导力开发课程教授罗伯特·S.卡普兰

（Robert S.Kaplan）和诺朗诺顿研究所所长大卫·P. 诺顿（David P. Norton）在对绩效测评方面处于领先地位的 12 家公司进行研究后，发展出的一种全新的组织绩效管理方法。平衡计分卡是企业绩效评价系统，它将企业战略目标逐层分解转化为各种具体的相互平衡的绩效评价指标体系，并对这些指标的实现状况进行不同时段的评价。

一、平衡计分卡概述

平衡计分卡通过分析哪些是完成企业使命的关键因素，以及评价这些关键因素的指标，并进一步将其转化为可以度量的财务、顾客、内部业务流程、学习与成长四个维度的绩效衡量指标来评价企业绩效。

平衡计分卡打破了传统的只注重财务指标的业绩管理方法，认为传统的财务会计模式只能衡量过去发生的事情。在工业时代，注重财务指标的管理方法还是有效的，但在信息社会里，传统的业绩管理方法并不全面。组织必须通过在客户、供应商、员工、组织流程、技术和革新等方面的投资，获得持续发展的动力。基于这种认识，平衡计分卡方法认为，组织应从四个角度审视自身业绩：客户、业务流程、学习与成长、财务。平衡计分卡中的目标和评估指标来源于组织战略，它把组织的使命和战略转化为有形的目标和衡量指标。

（1）在客户方面。管理者确认了组织将要参与竞争的客户和市场部分，并将目标转换成一组指标，如市场份额、客户留住率、客户获得率、顾客满意度、顾客获利水平等。

（2）在业务流程方面。为吸引和留住目标市场上的客户，满足股东对财务回报的要求，管理者需关注对客户满意度和实现组织财务目标影响最大的那些内部过程，并为此设立衡量指标。在这一方面，平衡计分卡重视的不是单纯的现有经营过程的改善，而是以确认客户和股东的要求为起点、满足客户和股东要求为终点的全新的内部经营过程。

（3）在学习与成长方面。确认了组织为了实现长期的业绩而必须进行的对未来的投资，包括对雇员的能力、组织的信息系统等方面的衡量。组织在上述各方面的成功必须转化为财务上的最终成功。产品质量、完成订单时间、生产率、新产品开发和客户满意度方面的改进，只有转化为销售额的增加、经营费用的减少和资产周转率的提高，才能为组织带来利益。

（4）在财务方面。列出了组织的财务目标，并衡量战略的实施和执行是否在为最终的经营成果的改善做出贡献。平衡计分卡中的目标和衡量指标是相互联系的，这种联系不仅包括因果关系，而且包括结果的衡量与引起结果的过程的衡量的结合，最终反映组织战略。

二、平衡计分卡在高校绩效管理中的应用

平衡计分卡起初是为企业的绩效评估量身定制的，但其具有广泛的适用性。目前平衡计分卡已经逐步应用于教育机构，特别是高等学校的绩效评估和管理中。

（一）高校中平衡计分卡绩效考核体系分析

高校引入平衡计分卡，需要对平衡记分卡的四个维度在高校中的具体实施有一个很好的把握，只有这样，才能把学校的使命和战略转化为一套全方位的运作目标和绩效目标，更好地执行战略和监控。

首先，顾客维度。对于学校来说，从不同的角度来看，学校产品也是不一样的。从学生角度来看，高校是一个提供教育服务及配套环境的机构；从家长角度看，高校类似一个大型的"加工厂"，将一个高中生"加工"成为一个合格的大学生；从用人单位角度看，高校就如同一个"制造厂"，为用人单位提供大量优秀的人才。因此，高校的顾客涵盖学生、家长及用人单位等。鉴于此，针对顾客层面可以建立学生满意度、家长满意度、用人单位满意度、招生规模、毕业生就业率等业绩评价指标。

其次，财务维度。企业的最终目的是获得利润，而属于非营利组织的高校的最终目的是为社会提供优秀人才，但这并不意味着高校可以忽视财务层面指标的价值。相反，随着竞争的日趋激烈，几乎所有高校都越来越重视财务性指标，因为学校只有拥有良好的财务状况，才能顺利开展各方面的工作。另外，虽然高校是非营利机构，但近年来越来越多的学校开始通过申请科研项目、开展校企合作、开展培训和考证等形式进行创收。基于以上分析，当前高校的财务性指标主要可以分为两个方面：一方面，要对资源配置进行合理性分析，主要包括生均开支水平及效率、存量资产的使用效率、引入资源与战略目标是否一致等指标；另一方面，要对经费的来源情况进行分析，主要包括政府经费投入增长率、师均申请科研项目创收收入、生均校企合作创收收入、生均培训与考证创收收入等指标。

再次，内部业务流程维度。卡普兰和诺顿的观点认为，在为企业内部程序设计绩效衡量指标之前，应先分析企业的价值链，即从创新流程、经营流程及售后服务流程三个方向思考如何满足顾客的需求，并建立各种可以达成此目标的衡量指标。相应地，高校的内部流程也可以分为三个部分。第一部分是创新流程。创新流程包括两个部分：首先，学校要对客户进行调研，确定

他们的偏好。可以设置用人单位调研、家长调研、在校学生调研、毕业学生调研等指标。其次，根据客户需求情况来决定产品和服务的设计与开发流程。可以设计专业设置改进、教学模式改进、职能部门业务流程的优化等指标。第二部分是营运流程。营运流程需要涉及学校的所有部门。这就要求各部门在人才培养、科学研究、社会服务等方面，为客户提供高质量、高效率的服务。这一部分可以通过专业设置评价、教学质量评价、科研能力评价、职能部门业务流程效率等指标来考察。第三部分是服务后流程。该流程是高校在为客户提供服务后，继续为其提供"售后"服务的过程。可以通过设置毕业生跟踪服务情况、学生家长意见反馈处理情况、用人单位意见反馈处理情况、使用技术服务的组织意见处理情况等指标进行衡量。

最后，学习与成长维度。面临多变的营运环境和市场需求，要想实现长期的可持续发展并创造价值，必须不断地学习与创新。评价学习与成长的指标主要分为以下两个方面：其一，评价教职工能力的指标，如教职工满意度、教职工保持率、教职工工作效率、教职工培训人次、教职工培训投入率、教职工知识水平、教职工技能水平等；其二，评价激励、授权指标，如教职工科研成果评价、教职工获奖或指导学生获奖情况、教职工所提建议的数量、教职工建议被采纳的数量、个人与组织的战略目标相一致的程度等。

（二）高校平衡计分卡的实施步骤

高校引入平衡计分卡，作为一种新型的绩效考核体系，在具体实施中，需要从动态战略管理的高度，将高校内部流程与外部市场和环境及组织创新发展等统一整合到绩效考评体系中，建立思维综合平衡的新型绩效考评系统。实施步骤如下：

（1）建立高校整体的远景与战略。这个远景与战略要简单明了，并对每一个部门均具有意义，使每一个部门都可以根据相关的业绩衡量标准去完成学校的远景与战略。

（2）成立平衡计分法小组或委员会去解释高校的远景和战略，并建立财务、顾客、内部业务流程、学习与成长四类具体的目标。

（3）为四类具体的目标建立最具有意义的业绩衡量标准。

（4）加强高校内部沟通与教育。利用各种不同的沟通渠道，如定期或不定期的刊物、信件、公告栏、标语、会议等让各层管理人员知道学校的远景、战略、目标与业绩衡量标准。

（5）确定每年、每季、每月的业绩衡量标准，并与高校的计划和预算相结合。注意各类标准间的因果关系，驱动关系与连接关系。

（6）将每年的报酬奖励制度与平衡计分法挂钩。

（7）经常采用教职工意见修正平衡计分法衡量标准并改进高校战略。

通过实施以上步骤，平衡计分卡将发挥它所具有的绩效评价优势及在战略管理中的优势，促进学校短期规划和长期战略目标相互统一，使高校全面、客观、深入地开展绩效评价，从而提升教育质量，强化学校的核心竞争力，对高校管理创新产生积极的意义。

（三）平衡计分卡在高校绩效管理中面临的困难和挑战

高校在将平衡计分卡理论导入实际的管理及运营中时会遇到各种困难和挑战。其原因按性质可分为两个方面：一是由平衡计分卡自身存在的不足造成的；二是由高校自身缺陷和管理者的因素造成的。就平衡计分卡理论自身而言，它需要大量的精力和时间分解到部门，找寻合适的指标。而指标的确立及部分指标的量化工作极具挑战性。除此之外，平衡计分卡要求在指标衡量体系中充分考虑权重的因素，从而使其中的主观成分大大增加。卡普兰谈到在企业中实施平衡计分卡常遇到的困难主要有四个方面：战略本身不明确，指标难以分解，数据收集不到，内部沟通不够充分。

在企业中尚且如此，在高校中就更加困难，因为平衡计分卡的实施要先由上而下进行战略规划、远景目标确定，而后由下而上进行战略执行，前提是要以价值链为导向，建立相关的战略性组织结构。如果高校的组织结构是职能型的，权力管理是按等级划分的，那么即使采用所谓的"平衡计分卡"，也不会起作用。所以在实施平衡计分卡之前，要仔细分析与设计高校的流程，然后重组高校的组织结构。这些改革不可避免地会波及一些人的利益，使他们产生抵触情绪，这就需要书记校长的全力支持、协调及党委的统一决策。

第三章 高校教师队伍结构

第一节 高校教师队伍结构概述

一、高校教师队伍结构要素

（一）教师队伍结构的概念

所谓结构，是指事物内部各个要素、部分相互联系的方式。任何事物的构成都有其结构，结构是构成事物、决定事物性质和质量的内在因素。不同事物的结构决定着它们不同的性质。高校教师队伍结构是指教师队伍中教师本身条件要素的构成比例及其相互联系，如教师的职务、年龄、学历、专业等要素的构成比例，以及教师的素质及其相互之间的关系等。

从系统理论的角度来看，教师队伍是一个系统。系统原理认为：系统虽然由要素组成，但它却具有其构成要素所不具备的新的功能。要素的功能好，系统的功能未必就好，系统的功能不仅取决于要素的功能，还取决于系统的结构。这一原理，同样适用于教师队伍结构的理论研究与实践。因此，我们要通过教师队伍结构的调整与优化，促进其整体功能的发挥。

教师队伍的结构从根本上讲是一个动态结构，它要适应所处阶段的国家政治和经济发展水平的需要；要适应各高校的性质、任务和规模及学科建设需要，且要随着高校的发展而不断优化。

（二）高校教师队伍结构要素

构成高校教师队伍结构的要素，大体可分为两类。一类是潜结构要素，如教师的思想政治素质、专业素质、创新素质、人文素质、心理素质等，它直接影响教师队伍的整体效能及稳定状况，这是高校教师队伍结构中既实际存在又不可具体准确量化的重要因素，另一类是显结构要素，如教师的职务、年龄、学历、专业、学缘等，它能直接显示教师队伍的质量、能力和学术水平的基本状况，这是高校教师队伍结构中既显而易见又可具体量化的基本要素。

就潜结构方面来说，教师的思想政治素质、专业素质、创新素质、人文素质和心理素质都是优化教师队伍结构的重要因素，它们对高校教师队伍的团结、稳定、凝聚力的增强、教学科研水平的提高、整体效应的形成与发挥都起着决定性的作用。思想政治素质是指教师在政治立场、思想观点和工作作风等方面所应具备的基本要求。专业素质是指教师在教育教学过程中表现出来的及潜在稳定的必备的专业品质，主要包括教师职业道德、教师专业知识和教师专业能力。创新素质是指教师从事科研工作和培养学生创新能力必须具备的要求，主要包括创新观念、创新人格和创新能力。人文素质是指教师关于对人的生命、意义和价值等精神世界的关注与追求的素质，主要包括人文精神、人文知识、人文思维等。教师心理素质是指教师在教育实践中生成和积淀的，与学生身心发展密切关联的，对教育教学效果有显著影响的心理品质的综合表现，包括认知因素、人格因素和心理健康水平等。

本章着重对教师队伍的显结构进行分析，教师队伍的潜结构分析将在第五章中探讨。

二、高校教师队伍结构分析

（一）职务结构

职务结构是指教师队伍内部具有初级、中级和高级专业技术职务数量的构成情况。高校教师的专业技术职务由低到高，依次为助教、讲师、副教授、教授。职务结构是衡量教师队伍整体状况的重要尺度之一，它在一定程度上反映了教师队伍中教师的学术水平、胜任教学科研工作的能力和学校的人才培养层次。

教师职务的结构比例受到高校类型、学科专业分布、人才培养规格、教师的学历层次及有关政策的制约，呈现出不同的特点。例如，在以培养研究生和进行科研为主的研究型大学中，高级职务所占的比例较大，职务结构呈"倒金字塔形"；在教学与科研并重的大学中，正高级职务与初级职务所占比例相对较小，副高级职务和中级职务所占的比例较大，呈"卵型"结构；在以教学为主的专科学校中，高级职务更少一些，职务结构呈"金字塔形"。各高等学校的教师职务结构比例不尽一致，应针对不同类型的学科、专业和不同层次的教学任务，科学、合理地确定教师的职务结构。

近几年以来，随着教师数量的增加，我国教授、副教授的人数均有较大幅度增长，但教师职务结构比例没有大的变化。

（二）学历结构

学历结构是指教师队伍中具有不同学历（学位）的教师数量的构成状况，是衡量教师群体理论水平和研究能力的重要指标。虽然学历不能反映一个教师的实际教学能力和科研水平，但它在一定程度上反映出一个教师在某个学科上的起点和基础。一般来说，具有较高学历的人，能很快地被吸引到学术领域的最前沿，具有较强的研究和创新能力。学历结构在一定程度上反映了教师队伍的理论知识、业务基础和科学研究的水平。

大学最初的职能是传授知识。在中世纪欧洲大学诞生以后的数百年中，大学主要是传授知识、造就人才的场所。从 19 世纪开始，威廉·冯·洪堡（Wilhelm Von Humboldt，1767—1835）在柏林大学（现洪堡大学）倡导"教学与科研统一"，20 世纪初，美国威斯康星州立大学开始提出高校为社会服务的任务。现代大学具备培养人才、科学研究和社会服务三大职能。大学职能的变化趋势对大学教师的学术水平提出了越来越高的要求，各国在建设教师队伍时都提出了高学历化的要求，高学历已经成为高校教师获得任职资格的重要条件。

在德国，不管是大学还是高等专科技术学校，教授和学术助教必须具有博士学位。在美国，虽然对高校教师任职资格没有统一的规定，但拥有博士学位是美国高校聘用教师一般必须具备的基本条件。如美国马里兰州大学化学系助理教授的基本条件首先是美国排名前五位大学毕业的博士，并且要有博士后研究经历，其次是要在美国排名前五位的大学工作三年以上。

（三）年龄结构

教师的年龄结构是指教师队伍的平均年龄和各年龄段教师分布的状况，它在一定程度上反映了教师队伍的活力和学术梯队的基本状况，是衡量教师队伍创造力的主要指标。

合理的年龄结构是指老、中、青教师应大致呈均衡分布，从而保持整个队伍既有丰富的经验、深厚的功底，又充满创造热情，保证队伍可持续发展。合理的年龄结构不应是高、中、低三级职务分别分布在老、中、青三个年龄层次，更主要的是在高级职务中应有三个年龄层次的人。心理学研究表明，人的精力和创造力与人的年龄有关。有人曾对 1960 年前 1243 名科学家、发明家做出的 1911 项重大科学创造发明进行了统计分析，发现科学发明的最佳年龄在中年。还有人对 301 位诺贝尔奖获得者做了统计，结果表明 30~50 岁是获得成果的最佳年龄区，占总数的 75 %。世界上杰出的科学家取得成果的年龄的峰值是 36 岁。因此，在教师队伍中补充年轻有为的优秀人才是提高教师整体创新能力、保证有充分的学术后备力量的关键环节。

（四）学缘结构

学缘结构是指教师队伍中教师完成最后学历（学位）毕业学校、所学专业的构成状况，它在一定程度上反映了教师队伍的学术互补、知识构成情况，是衡量教师队伍学术氛围是否活跃的主要指标。

一般来讲，在一所高校里，教师来源的多样化程度越高，其学术氛围就越活跃，教师的学术观点和学术思想就会形成互补，从而有利于提高教师的整体学术水平。反之，相同的学术背景是导致原创性成果贫乏的主要原因之一。原创性成果通常是在不同思想的相互碰撞中产生的，如果众多的教师来源于同一个学校、同一个实验室、同一个研究所甚至同一个导师，在学习环境、知识构成、思维方式等方面，往往具有较强的"同质性"。在一个具有较强"同质性"的群体中，不同思想相互碰撞的情况较少，相互激发创新思维的概率很低。

（五）专业结构

专业结构是指教师队伍中教授公共基础课、专业基础课和各类专业课的教师的数量构成情况，它在一定程度上反映了教师队伍承担教学科研任务的能力，也是学校学科建设情况的重要体现。

随着近几年的高校扩招及新办专业的不断增多，高校教师专业结构呈现不合理的发展态势，教师在各专业学科之间的分布很不平衡。一些传统专业学科的教师相对过剩；有些学科，特别是新兴学科的教师却十分短缺，甚至已经影响了学科的发展和专业人才的培养。因此，在专业结构方面，要切实做到统筹规划、合理布局、讲究效益、优势互补、提高效能，使公共基础课、专业基础课和各专业课的教师配置适应学校人才培养规格、学校学科建设的需要，更有利于学校教学科研任务的完成。

（六）学科梯队和学术团队

学科建设是高校工作的重中之重。研究教师队伍结构，不仅要相对独立地分析职务结构、学历结构、年龄结构、学缘结构和专业结构等，还需要关注学科梯队的构成状况。学科梯队是以学科为依托，在学科带头人的领导下，由承担学科建设任务的具有不同职务、学历、年龄、学缘的教师所组成的教师队伍。一般来讲，学科梯队有两个显著的特征。其一是学科梯队的层次结构。学科梯队里有遴选产生的一位在本学科水平最高、影响最大的学科带头人，学科带头人应具有高深的学术造诣和创新的学术思想，品德高尚，治学严谨，具有较好的组织协调能力和合作精神，在学科发展、梯队建设、人才培养等各方面起着带头作用和凝聚作用；每个学科方向还有一至两位在本学科方向上学术地位比较高的学术带头人及若干名学术骨干。其二是学科梯队的年龄梯形结构。学科梯队由老、中、青不同年龄段的教师组合而成，老年专家把握方向和传授经验，中年学术骨干担纲学科的重大研究和攻坚任务，青年骨干教师占一定的比例以保证学科的可持续发展。

21世纪以来，学术团队研究在我国高等教育领域乃至社会科学领域逐步兴起，学术团队建设越来越受到重视。高校学术团队是指高校专业人员（或教师）为了追求和实现共同的学术价值或学术目标而形成的相互联系、相互合作的教师学术群体。学术团队有以下基本特征。第一，共同的学术目标。共同的学术目标是团队建立和发展的重要基础，是团队成员的工作追求和行动方向。第二，灵活的组织方式。灵活的组织方式是优化团队人力资源、增强团队学术活力、促进团队健康发展的重要保障。基本结构是"三圈层"结构模式，即团队由核心层的学术带头人、中圈层的学术骨干、外圈层的研究人员（主要是教师）构成。第三，杰出的学术带头人。目前，在实践中，高校学术团队特别是科技创新团队的学术带头人，通常是由在本校科研教学第一线全职工作的两院院士、国家杰出青年科学基金获得者及国家重大项目主持人或首席科学家等担任。第四，良好的沟通渠道。良好的沟通渠道是团队成员交流与互动的必要条件。它包括团队内部与外部的沟通渠道和团队内部各要素之间的沟通渠道。第五，有效的分工合作。有效的分工合作是保障团队运行秩序与活力、提高团队活动效率和效益的必要条件。团队中的成员可能来自不同的学科和岗位，具有不同的学科背景和专业技能，通过分工合作实现团队共同的学术价值和学术目标。第六，自愿的责任共担。责任共担是团队全体成员的自愿表达和行为准则，已成为高校学术团队的基本特征。

围绕学科建设、科学研究和科技创新目标，建设若干学科梯队和学术团队，更好地实现高校人才培养、科学研究和服务社会的三大基本职能，尤其是在国家科技创新体系中发挥知识创新和技术创新主力军的作用，是高校教师队伍建设发展的新趋势。

第二节 高校教师队伍结构的优化

一、高校教师队伍结构优化的意义

高校教师队伍结构的优化及其目标的实现是实施人才强国战略的重要保障。高校作为人才培养的主要基地、集聚人才的战略高地，承担着传承文明、培养人才、科技创新和服务社会的神圣使命，国务委员陈至立曾指出，高校担负着"造就数以千万计的专门人才和一大批拔尖创新人才"的重大任务。高校拥有丰富的人才资源，高校教师队伍是国家知识创新的重要力量和高层次人才队伍的重要组成部分，是实施科教兴国战略和人才强国战略的强大生力军和动力源，在我国全面建成小康社会和加快社会主义现代化建设进程中起着基础性、战略性作用。

结构优化的教师队伍是高校教师人力资源管理所追求的目标。高校教师人力资源管理作为一个复杂系统，包括高校教师人力资源的规划、开发、配置、使用等方面。其中，高校教师人力资源规划是根据学校发展战略和学科建设目标，在预测高校发展环境的变化及教师人力资源供给与需求状况的基础上，制定的相应的人才队伍规划即教师队伍建设发展规划。高校人力资源配置主要通过补充或减员、培养与提高等手段，实现教师队伍在年龄、学历、职务、学缘和专业等构成要素方面的合理状态。高校教师队伍结构成为高校教师人力资源管理的重要对象之一。结构优化的教师队伍是高校教师人力资源规划和配置所追求的目标，是促进学校可持续发展的重要手段。

二、优化教师队伍结构的目标

总地来讲，教师队伍结构优化要达到的目标，是要适应国家社会发展、经济建设和科技发展的需要，适应高等教育事业发展的需要，以培养高层次创造型人才和创新团队为重点，着眼于高校高层次人才总量的增长和素质的提高，努力建设一支数量充足、结构合理、富有创新能力的教师队伍，从根本上提高我国高校在世界范围内的学术地位和竞争实力，更好地发挥国家基础研究和繁荣哲学社会科学的主力军、高新技术研究的重要方面军和科技成果转化的强大生力军的作用，为实现全面建成小康社会的目标提供坚强的智力支持和人才保证。

各高校教师队伍结构的优化要适应学校发展战略和办学目标的需要，教师队伍结构优化的目标要结合学校的办学目标、办学规模、办学层次和学科建设的需要分阶段确定。不同类型的学校，在合理的职务结构、较高的学历结构、多元的学缘结构、均衡的年龄结构、协调的专业结构及具有创新水平的学科（学术）梯队建设的目标确定上，应当有所区别。

三、优化教师队伍结构的措施

优化教师队伍结构是高校人力资源管理的重要工作之一。它包括教师队伍建设规划的制定、教师培养的策略选择、教师资源的配置等方面的工作。

（一）做好规划，指导教师队伍建设工作

高校要树立科学的发展观和人才观，坚持"以人为本"，把人才问题始终作为高校改革和发展的人事来抓，科学制定学校发展战略规划和人才队伍建设规划，为教师队伍建设工作提供指导性文件。要对教师队伍的现状做出客观分析，根据国家下达的人才培养任务和学校的办学目标，确定学科建设规划和教师队伍建设规划，对教师的学历、职务、年龄、学缘、专业及学术梯队等结构做出相应的要求。

高校在进行教师队伍建设规划时，应当加强结构意识，把个体素质与整体素质、潜结构与显结构相结合，全面实现高校教师队伍结构优化，使之发挥整体系统功能。

（二）建设富有创新能力的高层次人才队伍

1. 以学科建设为载体培养学术

原清华大学校长梅贻琦曾说道："一个大学之所以为大学，全在于有没有好教授。"一所大学在国内外是否有地位，主要看它是否拥有高水平的学科，一个学科是否具有高水平，主要看它是否有一流教师队伍，一流教师队伍的重要标志就是要有学术大师，要有具有国际领先水平的学科带头人。例如，在 1999 年对美国大学的评估中，加州理工学院排在第一，超过了哈佛大学和麻省理工学院，主要原因是罗伯特·安德鲁·密立根（Rober Andrews Millikan）——诺贝尔物理学奖获得者，带领实验物理学科迈进了世界一流学科行列；西奥多·冯·卡门（Theodore Von Kármán）——钱学森先生的老师，使该校的航空技术成为世界顶尖的学科。有了这两位大师，加州理工学院便成为世界知名的大学了。

2.大力建设创新平台，加强创新团队建设

创新团队建设成为教师队伍结构优化的重要工作，它需要充分挖掘现有教师队伍的潜力，在分析现有教师的优势、特点与不足的基础上，扬长避短，优化组合，它代表着学校教师人力资源配置水平的高低。一方面，新的人才培养模式和课程体系要求教师之间相互协调和配合；另一方面，当前，科学技术的重大突破，大多表现为群体突破的态势和学科之间的交叉融合，新的科学发现和重大进展已越来越难以通过"单兵作战"来实现。团结协作是现代社会生产条件下科学技术研究活动的内在要求。科学研究本身的复杂性也要求教师共同努力和合作，特别是在承担和完成国家重大研究项目的时候，这种学术团队的作用更加明显。缺乏这样的学术团队，任何一所高等学校都不可能完成对国家社会经济和科技产生重大影响的课题与项目。高校要积极适应这种趋势，采取切实措施，加强团队建设。

要积极推进高校基层学术组织改革，创新高校人才组织模式，着眼于承担国家重点发展领域或国际科学技术前沿的研究任务，以创新平台、重点研究基地为基础，以优秀拔尖创新人才为核心，实现设岗、选人与做事的有机统一，重点支持建设一批高水平的创新团队和学术群体。

3.重视中青年学术带头人和学术骨干的培养

无疑，学科带头人的选拔和培养是高校教师队伍建设的重要方面。学科带头人是各个学科的旗帜和领军人物，没有学科带头人的学科是平庸、不完整的。但是，单纯地关注学科带头人个人的作用是不够的，这样不利于教师队伍的可持续发展，尤其不利于优势学科的可持续发展，要重视学科梯队和学术团队的建设。

为了促进学科梯队和学术团队的形成，应培养和造就一大批具有创新能力和发展潜力的中青年学术带头人和学术骨干，形成可持续发展的优秀人才梯队。教育部《高等学校"高层次创造性人才计划"实施方案》中的第二层次"新世纪优秀人才支持计划"，就是对具有较高学术水平、突出的创新能力和发展潜力的优秀青年学术带头人进行培养和资助，支持其开展创新性研究工作，承担国家重大科研任务，为把他们培养成为优秀学科带头人搭建台阶、创造条件。该计划支持的对象一般要具有博士学位，受聘副教授级以上的专业技术职务，在申报当年1月1日，自然科学领域申请者年龄一般不超过40周岁，哲学社会科学领域申请者年龄一般不超过45周岁。该计划的资助规模为每年1 000人左右。

高校要遵循人才成长规律，坚持以提高学术水平和创新能力为导向，通过学科梯队建设、团队吸纳、项目资助或鼓励自由探索等方式，加大对青年骨干教师成长发展的支持力度。要加大选派高校中青年骨干教师出国研修的力度,进一步增强选派工作的针对性和实效性,选派具有较大发展潜力的中青年骨干教师到国外高水平大学和实验室进行研修,使高校中青年学术骨干能够在国际学术前沿领域学习和工作。

(三)加强以青年教师为重点的培养工作,全面提高教师的素质水平

如前所述,教师队伍的年轻化是目前高校教师队伍的重要特点之一,年轻教师已成为高校教师队伍的主体。不可否认,目前青年教师学历普遍较高,应变能力较强,不少人有在海外留学的经历。但要担当起教书育人的伟大事业,这还远远不够。他们面对困难的敬业精神、在利益面前的奉献精神、在复杂形势下明辨是非的能力必须经得起考验。同时,在众多青年教师中,有不少人是毕业后直接到学校工作的,各校自己选留的毕业生也占较大的比重。这些教师的突出优势很多,如熟悉本校情况、进取心强等,但同时也存在缺乏社会锻炼等问题。

青年教师的政治信仰、价值观取向、工作态度等深层次理念及教学水平、学术水平和创新能力,将直接影响未来我国高等教育的发展方向。重视青年教师的培养,是政府教育职能部门和高校的当务之急。

首先,要采取多种形式培养提高青年教师的思想政治素质和专业素质。比如,实行导师制度,指定师德高尚、治学严谨、教学科研水平较高的教师,帮助青年教师在思想政治和教书育人等方面实现成长和提高,充分发挥中老年教师的传帮带作用;有计划地安排青年教师参加社会实践,帮助他们了解社会、锻炼能力,树立从事教师职业的使命感、责任感和荣誉感。

其次,高校要在提高教师队伍全面政治素质和业务素质的基础上,制定青年骨干教师专门培养计划,采取多种措施,鼓励和支持青年骨干教师在职提升学位层次,及早参与科研工作,进入国内外高水平大学和重点科研基地研修学习,开展经常性学术交流活动,不断提高学术水平、创新能力和组织协调能力。教育部规定,《高等学校"高层次创造性人才计划"实施方案》中的第三层次"青年骨干教师培养计划"主要由高校组织实施。为推动高校实施"青年骨干教师培养计划",教育部将实施"高等学校青年骨干教师在职学位提升项目""高等学校全国优秀博士论文作者资助项目""留学回国人员科研启动基金项目""高等学校青年骨干教师出国研修项目""高等学校青年骨干教师国内访问学者项目""高等学校青年骨干教师高级研修班"等,每年重点培养10 000名左右青年骨干教师,旨在吸引、稳定和培养数以万计的有志于高等教育事业的优秀青年骨干教师,带动教师队伍整体素质的提升。

（四）多元化补充教师，改善教师队伍学缘结构

提倡教师来源的多元化，重视优化教师队伍学缘结构，是各国高等教育教师队伍建设的普遍做法。

学校管理层要认识到多元化的学缘结构对学术创新的重要性。可以采取如下措施改善学缘结构。（1）面向全社会公开招聘，并且制定一些政策，在住房分配、配偶工作安排、子女入学入托、职称评定、科研资助、安家费等方面给予优厚待遇，吸引外校优秀人才。引进来还要留得住，要创造优良的工作环境，激发他们的积极性、主动性和创造性，使他们全身心地投入到学校的教学、科研和社会服务工作中。（2）如果本校毕业的学生有意留校任教，必须获得外校的硕士或博士学位，才能重返母校任教。对现有本校毕业的青年教师，应安排他们到国内知名大学去进修，或在职攻读博士学位，或公派出国深造，即使在校内在职进修或攻读博士学位，也应规定导师为外校毕业的或聘请的外校兼职教师。

（五）整合人才资源，实行专兼职结合、开放的教师选用模式

市场经济的经济基础必然要求人力资源的社会化，必然带来教师的开放化、动态化管理机制。政府教育部门要积极推进省内外、国内外校际教师资源共享，建立学校与学校、学校与社会之间人才资源共享机制，积极挖掘富余人才资源，拓宽高等学校教师来源渠道，提高教师资源使用效益。

学校要积极与企业、科研院所联合与协作，选聘更多具有丰富经验的专业技术人员担任兼职教师，基础课、公共课及部分专业课教师实行校际互聘。

四、优化教师队伍结构要处理好几个关系

第一，学科（学术）带头人的选拔与学术团队的组建相结合。高校教师队伍的建设，应该协调好学科（学术）带头人和学术团队的关系，做到既能使学科（学术）带头人脱颖而出，又能积极地发挥学术团队的集体力量。在现代教育和现代大学的建设和发展中，在教师队伍的建设中，我们不仅需要学科（学术）带头人，还需要发挥整个学术团队的力量。学科（学术）带头人的产生及其作用的发挥离不开学术团队的支持；缺乏学科（学术）带头人，也无法形成真正的学术团队。所以，它们是紧密联系在一起的，在这里，矛盾的主要方面是学科（学术）带头人的作用。作为一个学科（学术）带头人，除在学术水平上的造诣之外，还必须具备高尚的道德素质和人格魅力，他应当具有一种感召力，团结大多数人一起工作，真正形成一个有实力的学术团队。

第二，教师的培养工作要坚持重点培养与普遍提高相结合。要提高教师队伍素质，既要集中力量重点培养学科带头人和骨干教师，又要针对教师队伍的整体需要，培养、提高每个教师的素质，面向全体教师开展培养和培训工作，用以点带面的方式全面推动教师队伍整体素质的培养和提高。

第三，教师的选拔任用要坚持专职教师与兼职教师相结合。随着教师聘任制的不断完善，教师的流动和择优聘任是趋势，因此教师队伍中教师的固定和流动是共存的，教师的专职和兼职是必然的。要针对优化教师队伍结构、充实急需的教师骨干、补充必要的教师层次的需要，有计划、有目的地聘任兼职教师，充分发挥兼职教师的作用。

第四，要注重优化教师队伍的显结构，更要注重优化教师队伍的潜结构。教师队伍的显结构显而易见，并在实际管理中易于进行组合、控制。而教师队伍的潜结构虽然不显而易见，但它确实存在，并对教师队伍整体功能的发挥起着十分关键的作用。所以，优化高校教师队伍结构，不仅要注重教师的年龄、学历、职务、学科、学缘等显结构的优化，而且要注重教师的思想政治素质、职业道德、心理素质等潜结构的优化。

第三节 高校师资队伍建设规划

一、高校师资队伍建设的内涵与意义

（一）高校教师队伍建设规划的含义

1. 高校教师队伍建设规划的概念

高校教师队伍建设规划指的是以学校总体发展战略为指导，按照学科建设目标的要求，分析本校现有教师的素质、年龄与性别结构、学缘、学历与职称结构及创新型学术团队等因素，预测高校发展环境的变化及教师供给与需求状况，制定相应的教师队伍规划，包括短期、中期及长期规划。高校教师队伍建设规划是高校战略规划的一个子规划，它是高校战略规划的中心内容，是实现学校战略目标的重要保证，是保障学校可持续发展的重要手段。

教师队伍建设规划的制定是运用一套分析技术来进行战略开发的过程，在这个过程中，要将一个目标或一组意图分解到各个步骤中，然后对各个步骤予以细化，并详细阐述每一步骤预期产生的后果或结果。

2. 教师队伍建设规划概念的解析

不同高校的教师队伍建设规划有所不同，而且制定的相应措施也有所差异。但我们认为高校教师队伍建设规划概念主要包含以下几个因素。

第一，它是以高校发展战略作为教师队伍建设规划制定的指导思想，是高校战略规划的子规划项目，教师队伍建设规划要符合学校发展战略的需要。例如，北京大学以建设国际一流研究型大学为自己的发展目标，西南民族大学以建设国内一流的民族大学为办学目标，二者的战略定位与发展目标差异很大，因此在制定教师队伍建设规划的目标与举措方面，肯定是迥然不同的。因此，学校的发展战略决定了教师队伍建设规划的方向与思路。

第二，以学科建设目标为要求。学科是人才成长的摇篮、学术研究的基地、技术创新的发源地，是教学、科研的基础和载体，也是学校办学水平和特色的集中表现。任何一所学校都要考虑学科建设的资源约束和能力限制，无法追求学科门类的齐全与并进，而只能追求"优势学科"和"学科优势"，追求学科建设的特色。然而，对学科建设起支撑作用的是教师队伍建设，教师队伍的学术水平是学科发展水平的集中反映，没有一流的教师队伍，就不可能有一流的学科。因此，学科建设目标必然决定了高校教师队伍建设的要求与侧重点。

第三，高校教师队伍建设规划受到现实环境的制约。一方面，不同高校教师队伍的现状存在很大差别，如大师级别的人数、教师队伍结构、学术梯队的状况等；另一方面，高校的外部环境也是在不断变化的，如教师资源的供给状况、不同高校的发展状况等。因此，进行高校教师队伍建设规划，必须科学分析和预测外部环境的变化，制订出相应的对策。总之，高校教师队伍建设规划的制订，就是要使学校的资源和能力与不断变化的社会需求之间保持战略适应性。

（二）高校教师队伍建设规划的重要意义

1.国际、国内竞争日益激烈，要求高校必须做好教师队伍建设规划

随着中国加入 WTO，高校资源的市场化程度和高校之间的资源竞争日趋激烈，要求高校必须做好学校发展战略规划，而高校教师队伍建设规划又是高校发展规划的中心建设内容，只有做好学科建设规划与教师队伍建设规划，才能提高高校的核心竞争力，才能使高校在竞争日益激烈的环境中立于不败之地。首先，大学发展水平是办学质量与效益的竞争，大学需要准确地设计自己的发展目标，选择合适的发展方向，提高办学质量。因此，高校自身发展迫切需要科学合理的规划来指引。其次，大学的发展，必须要获得政府资金投入和社会资本的投入，也需要尽可能制订能够最大限度地满足各方需要的发展规划。最后，竞争的日益激烈要求高校认真制订发展规划，使自己在

资源争夺战中立于不败之地。

2. 高校教师队伍建设的重要政策指导

上文谈过，教师队伍建设规划要求制订详细的发展规划措施，并把每一个目标或一组意图分解到各个步骤中，然后对各步骤予以细化，将每一个目标详细阐述，并对每个步骤可能产生的结果进行预判。教师队伍建设规划是教师队伍建设最重要的政策指导依据。在教师队伍建设的过程中，必须按照规划的指引与要求，逐步实现既定的目标。而且，科学的教师队伍建设规划已充分预见了外部环境的可能性变化并提出相应的对策，为教师队伍建设留有相应的余地，因此即使外部环境有所调整，但只要严格按照规划的指引与要求进行建设，就一定能建设一支符合高校需要的教师队伍。

3. 为教师职业生涯发展提供重要的参照

职业生涯规划是指个人发展与组织发展相结合，对决定一个人职业生涯的主客观因素进行分析、总结和测定，确定一个人的事业奋斗目标，并选择实现这一事业目标的职业，编制相应的工作、教育和培训的行动计划，对每一个步骤的时间、顺序和方向做出合理的安排。高校应引导教师职业生涯设计和再设计是学校的重要职责，促成教师根据自身特点建立清晰明确的职业发展目标与发展道路，提高工作的主动性、积极性和针对性，从而促进教师个人职业目标和组织目标的共同实现。教师队伍建设规划为教师职业生涯发展提供了明确的发展方向与目标，教师可以根据学校的教师队伍建设规划，分析自身利弊，为自己在高校教师生涯规划设计中的发展方向做好明确的定位，对教学、研究和学习等方面进行统筹规划。

（三）高校教师队伍建设规划的现状

当前高校在制订教师队伍建设规划时还存在不少问题，导致规划的战略性、前瞻性及可操作性都较差。

教师队伍建设规划制订中常见的问题主要包括：第一，对战略规划考虑不够，制定的教师队伍建设规划不能很好地体现学校的总体战略和发展需要；第二，规划的科学性不够，使规划目标既难以测量，又难以分解和落实；第三，规划实施和执行的力度不够，缺乏对规划实施的评估和监控；第四，规划的发展思路、目标、措施没有及时转化为宏观政策，导致规划的导向性不足；第五，在规划制订过程中，由于教师队伍建设规划由人事部门制订，其更多地是从本部门的立场与角度出发制订规划，没有广泛征求教师意见尤其是学科专家的意见，论证不够充分，相关部门对教师队伍建设规划制订的支持力度不够，有的甚至不理解；第六，有些高校制定的教师队伍建设规划不能科学地预见未来发展变化的情况，未能体现前瞻性，有些则未能适当地留有余地；第七，对相关规划统筹考虑不够，专项规划各自为政，不能协调统一。

二、高校师资队伍建设的内容与程序

（一）高校教师队伍建设规划程序

程序规范是内容科学的基本保证，通过履行规范的程序，提高规划的深度和水平，提高教师队伍建设规划的科学性与合理性。简单说来，教师队伍建设规划制订要经过如下程序：进行学校外部环境和内部情况的分析，包括机遇与挑战、优势与不足等，特别要进行与国内外著名大学的对比分析；进行顶层设计，提出规划纲要框架，组织专家和职能部门进行研讨，形成规划纲要；校领导讨论审定规划纲要；根据规划纲要的要求，完成规划（征求意见稿）；校领导讨论审定规划（征求意见稿）；广泛征求院系和教师意见，修改形成规划（讨论稿）；校领导讨论审定规划（讨论稿）；提交教代会讨论审定；由校务委员会或办公会批准；在全校公开，并采取多种形式进行广泛宣传和讲解。在规划制订和实施过程中，以下几点应引起特别注意：

1. 民主参与

高校教师队伍建设规划编制必须注重民主参与。一是健全规划编制专家咨询制度，组织规划咨询、论证、评估等活动。二是采取多种形式保障教职员工和相关组织参与规划编制过程。在规划制定过程中，充分听取专家、教授的意见，特别要重视吸收基层专业教师的意见，全面了解不同群体的利益与诉求，尽可能保证规划的科学性、合理性与可操作性。

2. 衔接

规划衔接是保障各级各类规划协调配合、形成合力的关键环节，各级各类规划要与相关的规划衔接，下一级规划要与上一级规划衔接，区域规划、专项规划要与总体规划衔接，相关规划之间要相互衔接，同级规划相互协调。高校教师队伍建设规划也应当与其他规划做好衔接工作，进行高校教师队伍建设规划的主要职能部门也应与相关单位做好沟通与衔接。比如，高校教师队伍建设规划需要以学科建设规划目标为指导，要与校园建设规划紧密配合。在具体制定过程中，高校教师队伍建设规划应与研究生教育、本科教育等人才培养规划相结合，与科学研究、社会服务规划相衔接。只有这样，才能保证教师队伍建设规划的科学性与前瞻性，才能保证学校发展战略的整体性。

3. 论证

论证主要是指专家论证，是高校教师队伍建设规划中最重要的环节之一。要尊重教授治学的权力，充分发挥学术委员会、教学指导委员会、规划委员会等组织的作用，让其积极参与到教师队伍建设规划当中来，充分听取其意见和建议——只有专家学者才能更准确地把握学科发展的前瞻性，只有学科带头人才能更深刻地认识到教师队伍存在的不足与其发展方向。只有这样，才能为下一步教师队伍建设规划提出更科学、合理的建议，才能使教师队伍建设规划起到更重要的政策指导作用。

4. 评估

规划评估是保障规划有效实施的必要环节。要改变以往"规划编制时轰轰烈烈，编制完成后高高挂起"的状况，必须加强对规划实施的检查监督，必须对规划实施过程开展评估。根据以往的经验，规划实施中暴露出的一些问题，有些可能是实施不力造成的，有些可能是规划编制得不符合实际造成的。通过规划评估，可以更好地认识到问题，以便及时采取措施予以调整。此外，实施规划是一个动态的过程，环境的细微变化都会导致规划的不断调整，通过评估，可以及时了解变化，调整相关内容，提出更有针对性的措施和建议，以充分保障规划总体目标的实现。总地来说，评估应该包含五个方面的内容：第一，明确评估的时间。是年度评估、五年评估还是十年评估。第二，评估的内容。包括发展目标、主要任务和关键指标完成和未完成的情况、采取的政策措施、存在的主要问题、主要原因分析等方面的内容。第三，评估的方法。成立由学校领导、职能部处、教师代表及相关专家组成的专门领导小组进行评估。第四，评估的程序。采取自上而下，或自下而上，或二者相结合的办法等。第五，评估的效力。通过诊断性评估，及时发现存在的问题，进行偏差分析，找到解决问题的措施等。

着手制订发展规划前，必须有一个明确的指导方针或指导思想及体现的原则。高校教师队伍建设规划的指导思想是制订和实施规划的根本准则。正确的指导思想要能够充分反映国家、地方和学校自身的利益与要求，要能够与国家和地方的教育发展指导思想相吻合。

（二）高校教师队伍建设规划内容

高校教师队伍建设规划编制工作的主要内容包括：总结和分析前一个时期（通常为 5 年）教师队伍建设规划的实施情况、取得的经验与存在的问题；分析未来一个时期（通常为 5 年）面临的形势，对教师队伍建设的现状、发展趋势、需求与供给进行分析、预测和判断；规划未来一个时期（通常为

5年）教师队伍建设的发展战略、方针、目标、任务、重大项目及保障措施，并且制订逐步的实施计划和步骤，将每一个目标分解到实施步骤当中。制订教师队伍建设规划是为实现学校的战略规划服务，需要与战略规划进行有机结合。

高校教师队伍建设规划是指导高校行动的纲领，一份完整的高校教师队伍建设规划应该包括三部分内容，即教师队伍现状分析、指导思想与发展目标、工作重点和相关政策措施。

1. 教师队伍现状分析

现状分析要求高校对自身的基础状况进行全方位梳理，明确自身在同行中所处的位置，也就是说找准坐标，只有找准坐标，才能进一步设计未来的努力方向和发展水平。

现状分析主要包括以下内容。

第一，教师的数量。教师数量是否充足，是否达到保证教学质量的基本要求。

在教师队伍建设规划当中，不仅需要整体规划全校的教师数量，还必须考虑各学院、各学科的教师数量是否达标。在规划教师数量时还必须综合考虑办学成本，根据高校自身的情况及发展的需要合理确定。

第二，教师队伍的结构。教师队伍的结构主要包括分析教师的学历结构、职称结构、年龄结构、专业结构及学缘结构等因素，考虑这些结构是否合理，是否具备可持续发展的特征及这些结构发展的合理趋势是什么等。对此的分析应从两个层面进行：学校整体教师队伍是什么状况；不同学科教师队伍状况如何，如重点学科和优势学科教师队伍的状况如何。

第三，教师的素质，实际是教师队伍的潜结构分析。教师队伍的整体素质如何，创新精神与水平怎么样，创造能力如何，心理素质如何，教学科研能力等能力如何，人文素质怎么样，思想政治素质如何等，这些都是教师队伍潜结构应充分考虑分析的因素。

第四，高层次人才队伍与创新团队。在现有教师队伍中，一流学科带头人和大师级学者的状况怎么样，有没有优秀的创新团队，数量有多少，创新团队的学科分布状况如何等。

只有充分分析了现有教师队伍的状况，才能为下一步的规划提供更好的指导依据，才能更好地制定教师队伍发展规划。

2. 教师队伍建设规划的指导思想与发展目标

指导思想主要分为两个层次：其一是国家或省市对教师队伍建设的指导思想；其二是学校发展战略和教师队伍在某一时段的发展方向和程度、性质和类型。比如，类型有教学型、教学研究型、研究教学型或研究型，定位有国际一流、国内一流或西部一流等，或者是所述二者的结合。总地来说，高校教师队伍建设规划应坚持科学发展观和"人才立校"的发展战略，以学校发展战略和学科建设目标为要求，从学校的实际和办学特色出发，以建设高水平的学科带头人和学术骨干队伍、培养高素质的教师为重点，以引进和培养一流学科带头人和国内著名学者为突破口，坚持人才引进与人才培养相结合的原则，坚持教师队伍建设适度超前发展的原则，积极创新教师队伍建设，努力造就一支充满活力、结构优良、师德高尚、乐于奉献、学术水平较高、富有创新能力、能胜任学校教育事业快速发展需要的高素质的教师队伍。

发展目标是教师队伍建设规划的主体部分，即学校选择要重点发展的若干项目及领域。一般而言，教师队伍建设发展规划目标主要包括教师数量、教师队伍结构、高层次人才数量等，从二级指标来看，又有教师总体数量及其占教职工队伍的比例，专任教师与兼职教师的比例，教师的年龄结构比例，职称结构比例（高级职称占多少），学缘结构比例（外校毕业生占多少，重点大学高校毕业生占多少），学历结构比例（具有博士学位者占多少），院士、大师级及学科带头人数量等。当然，由于高校之间的差异，不可能用一套很完备的指标体系来评价所有学校，不同学校应结合自身的实际，适当参考同类型或同层次高校的规划个案。

3. 教师队伍建设规划的工作重点和政策措施

为了更好地实现学校的发展战略，更好地围绕高校学科建设，更好地实现学校教师队伍建设的重要目标，规划必须突出工作重点和制定相关政策措施。一般来说，教师队伍建设规划的工作重点和政策措施是不同的，但它们也有一定的共性，主要包括以下几个方面：

第一，深化人事制度改革，营造人尽其才和人才脱颖而出的环境和机制。完善教师聘任制度，全面推行岗位聘用制，建立健全"公开招聘，竞争上岗，择优聘任，合同管理"的用人机制；完善分配激励机制，建立以岗定薪、岗变薪变、向高层次人才和重点岗位倾斜的收入分配机制；建立科学合理的教师考核与评价体系；加强建立物质激励和荣誉激励，努力形成激励优秀人才充分发挥作用的良好氛围。

第二，要有经费保障。确保为教师队伍建设做好经费来源保障。比如，可以积极向政府主管部门申请拨款，或自己筹措资金，或利用社会捐赠，或通过银行贷款等。当然，这都需要根据学校总体规划，从教师队伍建设规划的要求与实际情况出发，具体制定经费保障措施。

第三，具体政策的制定是与高校的实际情况紧密结合的。不同高校可根据教师队伍的建设目标采取特定的鼓励政策。例如，在某高校教师队伍中，具有博士学位的教师占比过低，高校就可以制订更好的优惠政策吸引博士来校工作，同时可制订鼓励本校教师积极攻读博士学位的相关政策等。

三、高校师资队伍建设的原则与方法

（一）高校教师队伍建设规划原则

为了能更好地制订高校教师队伍建设规划，我们认为必须遵循以下几个原则。

1.服务学校战略原则

要树立学校规划的观念，摒弃部门规划的观念，从学校整体发展需要出发编制规划，而不是从部门工作需要出发编制规划。在具体的制订过程中，要以学校发展战略为指导，以学科建设目标为要求，深刻分析教师队伍的现状，制订教师队伍建设规划。学校发展战略决定了学科建设目标，而学科建设目标的实现离不开教师队伍的支撑，教师队伍建设规划紧紧围绕着学科建设目标。教师队伍建设规划既服从于学校发展战略，又影响着学校发展战略规划。

2."以人为本"原则

科学发展观作为中国社会发展的战略指导思想，同样反映了高校发展的本质、目的和规律，"以人为本"思想就是科学发展观的本质和核心。坚持"以人为本"，在高校管理中就是要坚持"以教师为本"的发展观，制订教师队伍发展规划就要以"以人为本"思想作为指导。具体来说，在制订教师队伍建设规划当中，必须树立全新的教师队伍建设观念，树立可持续发展的战略思想，着力规划和提高教师队伍整体素质，推进制度创新和法制建设，营造积极健康向上的高校文化和学术氛围。此外，还必须充分发挥教师的主人翁精神，让教师尤其是相关专家积极参与教师队伍规划建设，多听取他们的呼声与建议，以更好地融合教师自身的元素。最后，制定教师队伍建设规划，还要充分考虑教师的全面发展，为教师教学能力的提升创造良好的条件和平台。

3.可持续发展原则

可持续发展，就是要促进人与自然的和谐相处，实现经济发展和人口、资源、环境的协调发展，坚持走生产发展、生活富裕、生态良好的文明发展道路，保证一代接一代永续地发展。高校教师队伍的可持续发展要求教师队伍具有合理的职务结构、较高的学历结构、多元的学缘结构、均衡的年龄结构、协调的专业结构、合理的学术梯队及富有创新精神和创造力的学术团队，以不断推动学校的发展。在高校教师队伍建设规划中，坚持可持续发展原则，要求明确高校教师队伍建设发展的战略目标、工作重点和重大举措，推进制度创新和实施人才强校战略；进一步构建完善优秀人才可持续发展的培养和支持体系，加大"高层次创造性人才计划"的实施力度，着眼于高层次人才和高水平创新团队总量增长与整体素质提高；加强中青年骨干教师能力建设，加大培养和支持力度，大力推进高校高层次人才队伍建设；深入开展学校人才制度和政策创新研究，进一步完善学校人才评价机制、竞争机制、激励机制和组织机制，开展学校人才队伍建设课题研究工作；改进和加强师德建设工作，加强制度建设，加大对高校优秀教师先进事迹的表彰宣传力度，全面提升高校教师的师德水平。

4.程序规范原则

程序规范是内容科学的基本保证。通过履行规范的程序，提高规划的深度和水平，切实发挥规划应有的作用。规划编制程序，包括前期工作、立项、起草、衔接、论证、批准、公布、评估、修订和废止等环节。高校教师队伍建设规划也必须按照程序规范的原则制订，尤其是程序当中的论证与评估这两项工作，它们是确保教师队伍建设规划科学合理的重要保证。

5.前瞻性和可操作性原则

教师队伍建设规划要体现前瞻性和可操作性原则。教师队伍建设规划是要面向未来的，要表明未来时段的事业发展状态，因此要有超前意识，要有预见性，要对未来的状况做出适当的预测；规划要从实际出发，但不是对实际的拷贝，不能过于迁就实际，而是要在实际的基础上提出发展的要求，创造发展的条件，制订发展的措施，这就是前瞻性原则。所谓可操作性，就是说规划要能够在现有的或可能的条件下付诸实施，而且需要将目标分解到每一个步骤当中。不能盲目追求高目标，结果导致可操作性不强，使教师队伍建设规划成为空想。为此，教师队伍建设规划必须要有相应的指标体系，有可以获得和测量的可比性数据，要有具体、可以实施的对策与措施。

（二）高校教师队伍建设规划模式与方法

高校教师队伍建设规划有合理性模式、互动性模式两种，不同的规划模式有不同的规划方法。

1.合理性模式

合理性模式把教师队伍建设规划过程看成一系列渐次进行的程序：决策

者或规划者试图认清重大的问题，急迫地需要并确定解决这些问题或满足这些需要的总目标—将总目标转化为各项具体目标—指出达到具体目标的行动步骤说明每个行动步骤的代价和利益—选择最优的行动步骤—综合各种择定的行动步骤并组成一个规划—将规划分解为各种可操作的项目—根据总目标来执行和评价每个项目。比如，针对教师数量的规划，可以根据学校学生人数的变化趋势，合理确定未来一段时间需要补充与引进的教师总数，按每年应实现的目标，确定不同的学科每年应补充的教师人数等。此外，在形成合理的教师学历结构比例时也是如此。

合理性模式首先认定人们对教育规划的目标会有合理、统一的认识，认定人们具备将目标转化为行动步骤的技术或手段。主要要求制定合理可行的评价指标，将指标根据一定的方式进行分解，并将其转化到每一个实施的步骤当中。近年来，管理学、统计学、信息论、决策论、计算机辅助编程技术的发展加强了合理性模式的应用地位，使合理性模式在现实的操作过程中显得更为有效。

2. 互动性模式

互动性模式认为教师队伍建设规划制订过程不是一种按部就班、有条不紊、逻辑上互相联系的程序，而是一种个人或利益集团之间主张意见的冲突、交流、协商、妥协及再冲突、交流、协商、妥协的连续动态过程。规划是在不确定未来和不完全了解现在的背景下调解人的认识和人的行动的一种尝试，而不是一种确定无疑的解决问题的方案。该模式主张者认为，教师队伍建设规划不可能有一致性的合理性目标并按照预定的途径来实现目标，也不可能有完全符合未来需求的规划。他们认为，教师队伍建设规划是一种利益的相互协调，是各方博弈的综合结果。比如，某学校在规划学科带头人数量与学科分布时，不同的学科都会为本学科尽量争取更多的指标，而最后形成的规划是各方利益平衡的一种结果。需要注意的是，规划中所依赖的完全的信息和准确无误的知识等条件都是难以实现的，这就决定了规划不仅是结果，还是一个过程；规划是创造性地适应自然与社会的过程，而不是实现规划者理念的过程；高校教师队伍建设既要站在学校的立场，也要站在教师的立场，既要听取资深教师的呼声，也要听取中青年教师的呼声。教师队伍建设规划是在追求一种博弈论中设想的平衡点，以使各方利益能达到某种安全水平，形成某种安全格局。

近年来，社会学、人类学、综合管理学、政治学的研究成果有力地支持了互动性模式。在互动性模式中，决策者的角色是协商者、共识构建者、人际关系专家、宽容的调停者。互动性模式看重对现实做出因人而异的解释，强调人际信息交流的意义，突出个人、制度与环境相互影响的动态性质，因此在教师队伍建设规划制订中特别采用便于了解人们内心世界或考虑人们想法的方法，如参与观察法、情景分析法、社会需要法等。

3.SWOT 分析

"SWOT 分析"是一种比较成熟的规划方法。"SWOT"是 strength（优势）、weakness（劣势）、opportunity（机会）和 threat（威胁）四个单词的缩写。在高校教师队伍建设规划中，"SWOT 分析"实际上是对高校教师队伍建设内外部条件的各方面内容进行归纳和概括，进而分析高校教师队伍建设的优劣势、面临的机会和威胁的一种方法。其中，优劣势的分析主要着眼于自身的实力及其与竞争对手的比较，而机会和威胁分析将注意力放在外部环境变化的可能影响上面。高等学校在维持竞争优势的过程中，必须认识自身的资源和能力，采取适当的措施，做好"SWOT 分析"。

高校要树立科学的发展观和人才观，坚持"以人为本"，把人才问题始终作为高校改革和发展的大事来抓，科学制定学校发展战略规划和人才队伍建设规划，大力推进人才强校战略的实施。

高校教师队伍建设规划要坚持正确的发展观，一切要从学校的实际出发，突出自己的办学特色和优势。因此，在规划理念上，要突出"以人为本"，促进学校各项事业全面、协调和可持续发展；在发展目标上，要充分反映学校发展战略的要求；在规划内容上，既要突出重点，又要统筹协调。

第四章　高校教师聘任

第一节　高校教师聘任制解析

一、高校教师聘任制的内容

高校教师聘任制是在高校和教师双向选择的基础上，以聘任合同的形式把岗位设置、任职条件、招聘过程、任用管理、争议处理等环节，同学校和教师双方的责任、权利、义务组合形成的教师任用和管理制度体系。它是现代人力资源管理整体性、科学性、战略性、可持续性的思想和方法在高校教师队伍建设中的综合体现和系统运用。

高校教师聘任制的实施要求高校根据实际需要设置专业技术岗位，明确岗位职责；在定编定员的基础上，确定各级岗位合理的结构比例；在高校和教师双向选择、平等自愿的基础上，由学校在经过同行专家评审认定、符合相应条件的教师中确定聘用人选，并以双方签订聘任合同的形式约定岗位职责；受聘教师有一定任期，在任职期间领取相应的职务岗位工资；任期结束后经过考核与评价，确定是否继续聘任。高校教师聘任制包含以下主要内容。

（一）定编与设岗

科学的定编与设岗是搞好教师聘任制的首要问题和基础，是教师人力资本需求的设计过程，也是通过聘任制度解决当前高校教师队伍缺编或冗员、素质参差不齐等问题的前提。高校编制应遵循高校办学规律和管理特点，再结合学校学科建设对教师队伍的要求，确定合理的编制。编制应采取固定编制与流动编制相结合的原则，这既有利于降低办学成本，也有利于吸引国内外高水平人才到校进行访问交流，促进教师队伍的合理流动。

高校岗位设置应遵循精简高效、总量控制、保证重点、兼顾一般、优化配置、动态管理的原则，着眼于学校的学科建设和整体发展的需要，并应有利于建立竞争、激励的用人机制，以达到教师资源的合理利用。各个高校应根据自身的办学层次、类型、水平、发展方向和建设目标，制定适合自己实际情况和发展特点的岗位设置方式。

（二）明晰岗位职责

岗位职责是考核教师履行岗位要求的前提条件，是对教师教学业绩、科研业绩、学术水平、业务能力进行评估的基本依据，明确切实可行的岗位职责是实施高校教师聘任制的关键。高校在确定各级岗位职责时，应首先明确高校的发展定位和人才的培养目标，再根据教师不同的岗位类型、不同的岗位层次和不同时期的岗位工作重点的变化，确定相应的岗位职责。

（三）聘任的实施

高校将岗位、任职条件和岗位职责向校内外公布，教师提出应聘申请，由学校择优聘任，在双方平等、自愿的情况下签订聘任合同，办理聘任手续，并明确聘期和双方须履行的权利和义务。

1. 任职条件

任职条件是聘任的门槛，是教师能否受聘的必要条件，主要包括思想政治素质、职业道德、学历、教育教学水平和科研业绩等方面的内容。在设定任职条件时，既不能过高，也不能过低，应根据学校的发展要求和方向合理设定，既要形成积极的导向，又不能让过多的教师达不到门槛。总地来说，在高级专业技术岗位，尤其是教授职务等级岗位，教师的任职条件门槛应定得高一些，以激发学校高层次人才的积极性和内在潜能，但讲师、助教等职务岗位的任职条件应适当，以保证绝大部分的教师能受聘到岗位。这样既有利于在高层次人才中形成竞争机制，促进高层次人才队伍的科研和学术水平的不断提高，又可以为青年教师提供宽松和逐步成长的空间和环境，充分激发他们不断提高教学质量和科研水平的积极性，为专业知识的积累和今后教学、科研工作的顺利开展打下坚实的基础。

2. 聘期

从世界各国高校教师聘任制度来看，聘期的类型大致分为三种。（1）定期合同制，如俄罗斯的高校明确规定了教师聘任合同的期限；（2）职务终身制，如在法国，高校教授被定为国家公务人员，高等院校的正式教师，除医学专业助教外都是职务终身制；（3）定期合同制与职务终身制并行，如美国教师的高级职务（教授、副教授）分定期制和终身制，教授多为职务终身制；日本由各大学自行决定任期。

根据《关于在事业单位试行人员聘用制度的意见》（国办发〔2002〕35

号）的规定和要求，我国各高校对教师的职务聘任实行任期制。聘期分为短期、中长期和以完成一定工作为期限的合同。

灵活的聘期机制有利于增强教师的竞争意识、危机意识，使他们不断奋发进取，努力创造工作成绩，促使学校的教师资源不断优化配置。

3. 聘约管理

聘任合同主要有缔约各方协商、签订、执行和解除合同等过程，包括学校与教师的权责关系、岗位职责、聘任期限、收入状况、工作纪律、续约等方面的内容。一经签订，便意味着受法律保护和约束的劳动关系形成，任何一方违反聘任合同都需要承担相应的法律责任和合同约定的责任。聘任合同一方面减少和预防了各种矛盾和纠纷的发生；另一方面保障了学校和教师的合法权益。

（四）聘后管理

聘后管理主要指按照岗位职责要求进行评价与考核。一方面，考核的结果是兑现待遇，以及是否续聘、高聘、低聘、缓聘和解聘的依据，通过考核与评价的奖惩性作用，可以更好地激励与约束教师；另一方面，考核与评价的发展性作用，也可让教师认识到自己的不足，从而为其职业发展提供很好的参照。因此，考核与评价是教师聘任制实施的有力保障，评价和考核工作进行的好坏，是聘任实施成效的重要标准，教师聘任的有效性必须通过评价和考核结果来验证。

二、高校教师聘任制的模式

1986 年中共中央、国务院要求改革职称评定制度，自实行专业技术职务聘任制度以来，我国高校教师的聘任制经历了三十多年的变革，逐步走向了规范化、制度化、法制化的道路，但由于人事关系本身的复杂性，以及受到政治、经济、文化等外部环境因素及高校教师管理体制内部因素的影响，聘任制仍与职称评审制度存在着一定的关联，评审和聘任关系的把握，也是一个受关注和值得探讨的问题。高校实施聘任制的实际情况大体上有以下模式。

（一）评聘结合模式

评聘结合模式是以职务聘任为核心，把职称评审与职务聘任有机地统一起来，根据聘任岗位的需要评审相应的职务，在已经达到该职位任职条件的人员中择优聘任。先评审后聘任，评审的目的就是为了聘任。

这种模式有其合理性，在教师聘任制改革初期产生了一定效果，主要体现在以下几点。第一，符合因事择人的原则。因事设岗、因事择人、因事聘任是一种有效的人事管理方式，有利于"人尽其才"。第二，符合动力与压力相统一的原则。第三，符合"责、权、利"相统一的原则。学校评聘教师到相应的岗位，教师享受相应的待遇，就需要履行相应的岗位职责。

但是这种模式在具体操作中也存在一些不足。评聘结合的模式容易造成重评轻聘、以评代聘的现象。因为这种模式使聘任的关键取决于是否能通过评审，评审就成了聘任的先决条件，因此人们会过多地关注评审的层面，而忽视聘任真正的意图，容易造成评上高级职称的人出现不思进取的惰性心理。此外，高级职称人员占用了过多的岗位，制约了后继青年人才的培养和发展，抑制了青年教师的积极性和创造性。

（二）评聘分离模式

评聘分离就是主张职称评审与职务聘任分开。教师的专业技术职务的任职资格由社会评审，"评"的依据是业务水平、能力和业绩，职称不与岗位、待遇挂钩；教师的聘任权交给学校，"聘"的依据是岗位需要和工作需要。例如，江西省从 2002 年起推行"个人申报、社会评价、单位聘任、政府指导"的评聘分离模式，把专业技术资格申报权交给个人，把专业技术资格评审权交给社会，把聘任权交给单位。

评聘分离模式有一定的优势，主要表现在以下几点。第一，有利于人才的成长与发展。将"评"与"聘"相分离，使有职称的人不一定能聘任上岗，形成竞争机制，增强教师的责任感和危机感，调动了教师的积极性，促进了人才的成长和发展，有利于优秀人才脱颖而出。第二，有利于打破职务"终身制"的观念。"评"与"聘"的分离导致职称与职务不挂钩，这样既有利于淡化身份，强化岗位聘任，引入激励机制，推动教师竞争上岗，又有利于学校择优录用，能从根本上克服"论资排辈""能上不能下"的弊端，促进人才的合理流动。评聘分离模式在克服以往制度弊端的同时，也存在一些新的问题。首先，以统一的社会评价尺度衡量教师的业务水平和能力，无法满足不同层次的高校对教师的不同需求，还可能加大地区之间、高校之间的差距，导致人才流动的恶性循环，同时也容易忽略人才培养和成长的规律。其次，要从根本上解决终身制的问题并不是仅仅依靠将评审与聘任工作分开就能做到的，还需要进行深入的研究和探讨。

（三）只聘不评模式

只聘不评模式就是取消职称评审制度，由用人单位根据编制、岗位、教师队伍结构和比例、教学科研任务等需要直接聘任。换句话说，教师不再以身份聘任，而是以岗位聘任。教师参照各岗位的任职条件和岗位职责，结合自身的实际水平和情况应聘，学校根据教师的思想政治素质、道德修养及业务水平、能力和业绩等方面综合评定聘任教师。2002 年，上海市已在高等院校全面实行聘任制，停止职称评审。厦门大学从 2004 年起取消了职称评审制度，而实行教师岗位聘任。根据事业发展需要设置岗位，提出岗位职责，所有符合条件的人均可报名申请，竞争上岗。聘任又分为"有固定期限聘任"和"无固定期限聘任"。

只聘不评模式的主要优势在于：第一，有利于废除职务终身制，消除"论资排辈"，构建不拘一格用人才的用人机制，彻底将教师的"身份"管理转变为岗位管理。第二，有利于建立"优胜劣汰"的竞争机制。通过实行完全的聘任制，无论教师的职称高低，均可以将不适合某个岗位的教师低聘、缓聘或解聘，使真正有能力的教师脱颖而出，调动他们的积极性和创造性。第三，实行只聘不评模式扩大了学校的自主权，有利于学校内部用人机制的转化和改革，使学校能根据自己的实际情况"因事设岗、按需设岗"，充分节约了学校的人力、物力和财政资源，从而加强了学校人力资源的整合。

当然，任何制度和模式在实际操作过程中都存在一定的问题，需要不断改进和完善。首先，在取消职称评审制度后，以职称评审为手段的教师评价体系随之消失，只聘不评模式对教师的评价应采取什么样的方式和手段才能更趋于科学与合理，这是一个值得深入探讨的问题；其次，实行只聘不评模式能使一些不合适的教师离开岗位，高校对落聘或解聘人员的分流和安置处理及其相关的管理制度和社会保障措施是否能为实施聘任制提供可靠保证，这也是一个问题；最后，建立和完善教师的聘后管理和监督机制、科学评价和考核体系是聘任制中非常重要的问题。

以上三种评聘模式各有其利弊，在高校教师聘任制的实施过程中都起到了重要作用。但是，取消职称评审制度，实施完全的聘任制是高校教师管理制度改革的方向和发展趋势。

三、高校教师聘任制的内涵

要改革与完善高校教师聘任制，就必须首先深刻认识和准确把握教师聘任制的深刻内涵。

（一）劳动契约化与法律保障

教师聘任制是学校和教师在地位平等的情况下，双方自愿签订聘用合同，明确各自的权利、义务、责任及解决争议的途径，根据合同约定进行管理，明确高校与教师之间的法律关系和法律地位，保障双方的合法权益。它受《教师法》《高等教育法》《合同法》《劳动法》《民法》及相关政策等法律法规的约束。实施聘任制是学校依法治教、民主办学思想的重要实践。

（二）劳动价值的体现

责酬一致是教师聘任制的重要内容，是教师劳动价值得到社会认可的重要体现，不同的岗位职责应该对应不同的岗位报酬。因此，完善的聘任制度体现了"按劳分配，优劳优酬"的原则，并积极鼓励教师履行岗位职责和创造突出业绩。

（三）人才竞争机制和择优机制的体现

教师聘任制实质是一种人才竞争机制，教师通过公开竞争，凭借自身才智竞聘到相应工作岗位，学校积极创造条件择优录取，教师聘任制赋予高校和教师双方更大的选择性，双向通过选择达成一致。此外，学校可根据教师的能力与业绩，与教师签订不同期限的合同，也可根据教师的特长及具体情况，采取互聘、联聘、兼聘、返聘等多种聘用形式。这有利于建立科学高效的人才选拔机制，形成开放、竞争的用人氛围，促进人才的合理流动，实现了教师资源的社会共享，最终促进人力资源的优化配置。

（四）公开、公平、公正原则的体现

首先，聘任制要求向全社会公布岗位数量、岗位职责、任职条件及考核与评价要求，进行公开招聘；其次，在公布明确的岗位数量、岗位职责、任职条件及考核与评价要求后，由校内外人才根据自身的情况进行竞聘，由学校对被考核人的品德、业绩及发展潜力等因素进行综合考察，择优聘任；最后，需要按照公布的教师职责考核与评价的相关指标对其进行年度考核与聘期考核，如果不能完成规定的职责与义务，就将被解聘。高校教师聘任制从公布岗位、实施聘任到聘后管理的整个过程都是公开的，考核与评价体系对所有教师都是平等的，可以说，教师聘任制体现了公开、公平、公正的原则。

只有深刻理解了教师聘任制的内涵，才能更好地实施教师聘任制，才能积极地调动教师的积极性，促进教师资源的优化配置。

第二节 高校教师聘任制的改革与发展

1986年2月，国务院发布《关于实行专业技术职务聘任制度的规定》，标志着我国教师聘任制度开始实施。经过近几十年的摸索与实践，我国教师聘任制度取得了一定的成绩，主要表现在以下几点。第一，转变观念。教师用人制度和分配制度等方面的改革，要改变过去计划经济下统分统筹、平均分配的观念，树立市场经济下资源市场配置、优劳优酬的观念。教师可以自由择业，学校可以择优聘任，能胜任的教师可以继续聘任或得到提拔，不能胜任的教师则会被淘汰。第二，转变机制。高校教师作为一种生产力要素和一种资源也存在配置效率的问题。聘任制的改革实现了教师的资源配置从国家计划配置向以市场配置为基础的市场与计划相结合的配置机制的转变。第三，推动教师队伍的建设和发展。聘任制的实施触动了高等学校教师人事制度的最后壁垒，打破了事实上存在的职务终身制，引入了"优胜劣汰"的竞争机制，激励优秀人才脱颖而出，优化了教师队伍的结构，提高了教师队伍的质量，从而推动了教师队伍的建设和发展。虽然高校教师聘任制在改革和发展中取得了一些成绩，对高校教师队伍的建设和发展起到了推动和导向的作用，但现行的教师聘任制并不是真正意义上的聘任制，在实践过程中还存在一些突出的问题。

一、目前高校教师聘任制存在的问题

（一）岗位设置不合理，岗位职责不明确

科学、合理的岗位设置是聘任制实施的基础。但当前我国高校普遍存在因人设岗、人浮于事的情况，编制与岗位设置不对称，超编、冗员现象非常严重，以致需要的人才进不来，极大地阻碍了教师人力资源的合理流动，使聘任制的落实成为一句空话。明晰的岗位职责是聘任制实施的前提，没有明确的岗位职责，实施教师聘任制就毫无意义。当前，高校岗位职责确立存在这样或那样的问题，最突出的表现在以下几个方面。第一，岗位职责要求普遍过低，失去了教师聘任制应有的激励与导向作用。第二，岗位职责存在重科研、轻教学的"唯学术"倾向，而且对科研是"轻质重量"，造成目标导向出现偏差。

（二）未能建立科学全面的评价与考核体系

在这里要指出的是，当前建立在现行教师聘任制基础之上的教师评价机制很不完善，存在诸多问题，导致了许多负面效应，如损伤了部分教师的自尊心，抑制了教师对工作的积极性和创新性，破坏了教师之间的协作和教师队伍的凝聚力，压抑教师潜能的发挥等。主要表现在：第一，在评价理念上容易混乱，要么过分注重目标管理，忽视教师个体的特殊性和主观能动性；要么片面理解"以人为本"的含义，无法对教师进行行之有效的绩效管理。第二，对教师的评价仅以教师教学的绩效、科研成果的数量等内容作为主要参考，而对教

师超出工作时间以外的劳动和所创造价值等方面缺乏科学、理性的评价，评价内容狭窄。第三，评价标准和方式简单，过于强调以定量考核的标准和方式进行评价，忽视了对教师综合素质和能力的定性分析。第四，评价导向失准，过分注重科研业绩，片面强调科研工作在教师职业生涯中的地位和作用，忽视了教师教书育人的基本职责。

这样的评价体系当然难以全面、客观地评价教师的真实水平和综合素质，评价结果难以与高校的发展目标相适应，甚至会迟滞学校的发展。在这种评价体系下，学术必然会丧失其独立性、创新性和前瞻性。

（三）激励机制不完善，短期化行为严重

当前高校对教师往往注重物质激励，而对教师的精神激励和人文关怀较少，这种单一的激励手段忽视了教师职业的独特性和成长规律，容易导致教师过分追求物质利益而出现有悖学术道德和教师职业道德的现象。没有建立起短期激励与长期激励相结合的长效机制，现实中更偏重的是短期激励，容易导致高校教师出现短期化功利行为，不利于学校和教师时效性和可持续性激励机制的构建。具体表现在以下两个方面。

第一，学校管理方面。首先，一些高校管理层未能从根本上认识高校改革和发展的主要矛盾和学校的实际情况，存在简单套用其他学校的改革模式和方法，以期获得短期效益的情况；其次，一些高校在人才引进、利用、培养等方面存在着短期行为，着重于眼前的利益和某些数字化的成绩，制定的政策不具有连续性；最后，对教师的激励依靠单纯的物质刺激，对教师的工作评价过分偏重于量化的业绩，忽略了教师劳动的特点和职业的特性，忽视了对教师职业生涯的规划，放松了提高教师队伍能力和素质的长效机制的建设。

第二，教师方面。首先，迫于岗位竞争和聘期评价的压力，教师在工作重心的选择和处理上具有一定的偏向性，更看重既能产生实际效益，又能满足竞争需要的工作内容，重科研、轻教学，重数量、轻质量的现象时有发生。其次，教师受短期效益观的驱使，在科学研究和学术探索上倾向于选择虽然无助于水平提高但却能带来实效的"短、平、快"的项目，而对难度较大、费时较多、投入较高且不易在聘期内完成的基础性和创新性研究项目持谨慎态度，严重阻碍了学校科研水平的提高和学术领域的拓展。最后，由于在同等条件和要求下竞聘岗位，迫于竞争的压力和生存的需要，教师之间不愿团队协作，追求自立单干，致使学科梯队建设受到严重影响。

（四）人才引进与选拔机制不健全，教师流动渠道不畅通

当前，高校人才引进途径过窄，选拔机制不够健全，主要表现在以下几

点。第一，人才来源基本局限在高校与相关科研单位，主要将应届毕业生和具有高级专业技术职务、高学历的教师和科研人员作为人才引进的对象，而没有真正、完全地面向社会招贤纳才；第二，人才引进偏向于关注学历、资历，往往忽视能力、水平与业绩，使得企业等相关单位中水平高，但学历、职称相对较低的具有创新精神的高素质人才难以进入高校；第三，高校缺乏学术交流与创新；第四，在人员的选拔任用上，行政组织和学术组织的遴选人才作用至今仍然存在分歧和争议。

此外，教师流动渠道也不畅通。由于高校用人制度相应的配套措施严重滞后，社会保障体系不健全，再加上传统人事管理观念的影响，教师聘任制的实施并未能形成真正的竞争机制，以至于教师流动渠道不通畅，无法形成合理的流动机制。无法对不能胜任工作的教师进行及时调整、分流，急需的人才也进不来。

（五）管理工作不到位

首先，高校内部人事管理还没有完全脱离计划经济思想的束缚，教师管理的手段、方式还是以传统的人事管理思想为指导，未能建立一套与市场经济相适应的高校教师人力资源管理模式；其次，在实施聘任制的过程中，一些高校未能深入细致地把握学科特点，在岗位设置、聘任条件、岗位职责、考核标准等方面未能处理好人文社会科学与自然科学、基础学科与应用学科的关系，采取"一刀切"的办法，严重违背了学科发展的内在规律；再次，对教师的聘后管理缺乏有效的绩效考核办法和有力的监督力度、监管机制，严重阻碍了教师队伍的建设。

当然，问题并不仅仅是上述几个方面，高校教师聘任制还存在着诸如内培与外引的矛盾等问题。这些问题都表明，现行的教师聘任制仍不能很好地适应高等教育迅猛发展的形势对教师队伍建设提出的要求，对高校教师管理、高校教师队伍的建设和发展也存在着很大的影响，必须对其加以改革与完善。

二、高校教师聘任制的改革建议

高校教师聘任制度的改革应在深刻理解聘任制的内容、准确把握聘任制的内涵、认真分析高校教师聘任制存在的问题的基础上，遵循主体明确、结构比例宏观动态管理、学校整体人才资源开发、有重点倾斜的非平衡性、突出竞争性及追求效益性这六大原则，围绕提高教师素质、把握关键环节及创造良好的社会条件等各个方面，采取切实有效的措施，建立与社会主义市场经济相适应的真正意义上的教师聘任制。

（一）提高认识、转变观念

聘任制改革是高校内部管理体制的一场深刻变革，要使聘任制真正落到实处，使其有利于高校落实办学自主权，有利于高校人员结构的整体优化，有利于调动广大教职工的积极性，有利于提高教学质量、科研水平和办学效益，发挥其促进高校改革与发展的重要作用，首先要提高广大教职工对推行聘任制的重要性、必要性的认识，进一步树立由传统计划经济向市场经济转变的观念，树立教师由"身份"管理向"岗位"管理转变的观念，树立人力资源配置由计划配置向市场配置转变的观念，树立收入分配由"平均分配""吃大锅饭"向按劳分配、优劳优酬、以岗定薪转变的观念，树立教师和学校之间地位平等、契约合同管理、均受法律保护的观念。只有认识提高了，观念转变了，广大教职工才能接收和适应制度的改革，聘任制的改革才能真正得到支持和拥护、贯彻和落实。

（二）科学定编，合理设岗，明晰职责

编制和岗位是聘任制中相辅相成、辩证统一、不可或缺的环节，教师能否被聘任取决于编制和岗位的提供，因此科学定编、合理设岗是推行岗位聘任制的基础。

高校编制管理包括学校机构设置和人员编制管理，并根据高校的职能，遵循高校办学规律和管理特点，坚持国家总量控制、学校自主管理、规范合理、精简高效的原则。高校内设党政管理机构和教学、科研组织机构，由学校根据学科建设和事业发展的需要自行决定。高校根据为完成高等教育任务而配备的从事教学工作、学术研究工作及学生思想政治教育工作的人员的情况确定教师编制，其主要指标是生师比。生师比既不能过低，也不能过高，过低会加大学校的办学成本，阻碍学校的进一步发展，过高则会造成教师不足，影响学校的教学质量。还有对一些特殊学科，如艺术学科等，则特别需要结合学生素质状况及艺术教学规律的特点，合理确定艺术类教师的编制数。此外，合理的教师队伍结构具有稳定与流动、专职与兼职相结合的特点，因此教师编制既要有固定编制，也要有流动编制，流动编制主要用于引进人才，如重大科研项目的临时人员、进站博士后及研究生兼职助教、助研、助管等。这既有利于降低办学成本，又有利于吸引高水平人才及教师队伍的合理流动，以充分保持教师队伍的生机与活力。至于固定编制与流动编制的比例是多少，高校需要结合自身的实际情况合理确定。

各个高校应该根据其自身的办学目标和条件，切实从学科发展、人才培养的现实需要和长远要求出发，科学地规划教师岗位，合理配置教师资源。

目前的岗位设置方式主要有三种。一是按照学科建设进行岗位设置，即将学科分为重点学科、特色学科、优势学科、博士点、硕士点和一般学科等多个层次，根据学科建设的需要，设置各级职务的比例。二是按照学校任务设置岗位，即将学校承担的教学科研等任务划分为多个层次，根据每个层次任务的数量和质量，设置不同的职务及其比例。三是按学科建设与任务相结合的方式设置岗位，即结合以上两种方式，通过综合衡量，进行岗位设置。这样能扬长避短，综合各自的长处，规避不足，达到最合理的岗位配置效果，但在实践过程中要将两者有效结合也具有不易操作性。最后，岗位设置还受到成本与收益关系的约束，即岗位设置还必须考虑到办学成本。

明确、清晰、切实可行的岗位职责是完成高校教师聘任制的关键。高校在制定岗位职责时应首先明确自身的培养目标和发展定位，以确定教师不同岗位类别、岗位等级的岗位职责，并进行动态调整。岗位职责的制定需要掌握一个合理的"度"，既不能过分拔高而脱离实际，又不能让每位受聘者轻易达到，造成岗位职责形同虚设的局面；既要有利于教师根据自己实际水平和现实情况选择合适的岗位，又要有利于学校对受聘教师进行履职考核，从而促进教师提高工作质量和工作效率。具体来说，对于高级职务的岗位来说，岗位职责应适当定得高一些，尤其要加大对高水平科研成果的要求，而对于年轻教师，或对于中级、初级职务岗位的教师来说，岗位职责应合理设定，让他们有充裕的时间打好基础。当然，也有专家学者对此有不同的看法，他们认为应当加强对年轻教师科研能力和水平的培养及要求，适当加大对其科研成果数量的要求力度，因为数量是质量的基础，没有数量的积累，也就没有质量的提高。至于具体选择，不同高校应深入分析本校年轻教师队伍或群体的特点，采取切实可行的方案，以真正实现对青年教师的激励，不断促进其发展与提升。

（三）健全教师准入制度，拓宽用人渠道，探索用人机制

在改革与完善教师聘任制的过程中，各高校必须把教师资格制度落到实处，同时创造条件，建立、健全教师职业准入制度，严把入口关。严格选拔程序，坚持公正、公平、公开的选拔机制；重视同行专家和社会舆论的评价，要注重应聘教师的能力与素质，特别要全面考察其学术影响力和学术道德水平。要打破高校内部，高校与其他行业、职业之间的体制性壁垒，积极探索合理的人才利用机制。针对不同层次、不同类型、不同职业人才的特点，探索灵活多样的人才聘任形式。坚持"不求所有、但求所用"的原则，加强国内外教师资源及各行业精英人才资源的开发和利用，可以采取"柔性引进"、专兼结合、合作研究和邀请讲学等各种灵活措施，以及互聘、联聘、兼聘、

返聘等多种聘任形式,还可以根据教师的实际情况,实行不同聘期的聘任制度,积极拓宽用人渠道,实现优秀人才的跨行业、跨地域、跨国界流动,从而最大限度地共享优秀人才资源。在人员选拔体制上应学习和掌握国外高校教师聘任制的运行特点,充分借鉴先进、成熟的人才选用经验。如美国的大学一般把本校毕业的在本校任教的教师数量控制在全校教师总数的 1/3 以下,并且基本上不直接留用本校的应届毕业研究生。德国的大学原则上不允许副教授在本校晋升为教授,教授一般从校外招聘,并规定其至少应有 3 年在学术界以外的工作经历。妥善处理行政组织和学术组织的遴选权的关系,既要充分重视同行专家的意见和建议,又不能过多地行政干预。

通过高校教师聘任制的实施和改革,在借鉴国外灵活多样的高校教师聘任制聘任方式的基础上,我国各高校相继实行了长短聘期结合、专兼职形式结合的合同契约聘任方式。部分高校在不断探索聘任制的改革过程中还进行了"非升即走""非升即转"等政策的尝试,目的就是要打破教师终身聘任的"铁饭碗",建立适合我国高等教育特点和高校发展趋势的教师聘任制度。

(四)加强聘后管理,建立科学全面的评价考核体系

聘后的动态管理是根据聘任合同的约定和绩效考核的结果,严格对教师进行管理的过程。在实践中,要克服重聘任、轻管理的做法,要彻底打破终身制,真正建立起"能进能出、能上能下、优胜劣汰"的竞争机制;要改变重使用、轻培养的做法,不断提高教师队伍的素质和水平;要克服重考核、轻服务的观念,关心教师,积极帮助他们解决一些实际问题,使他们安心从事教学科研工作。聘后管理中的关键是进行全面的绩效考核,《中华人民共和国教师法》第二十四条规定:"教师考核结果是受聘任教、晋升工资、实施奖惩的依据。"科学全面地评价考核体系是落实教师聘任制的重要手段,它不仅可以保障管理者实现预期目标,还有助于考察被评价者的现实能力和内在潜能,也是教师聘任制顺利开展和实施的重要保证。应根据学科类别与学科层次、岗位类别与教师岗位级别的具体情况,采取定量与定性相结合,重点考核与全面考核相结合,年度考核与聘期考核相结合,学生评价与自我评价相结合,行政评价与同行评价相结合,原则性与灵活性相结合的评价模式。既要考核业务能力,又要考核思想政治素质和职业道德;既要考核科研,又要考核教学;既要考核学术工作,又要考核社会服务工作;既要严格要求,又要体现人文关怀。

(五)降低管理重心,加强宏观管理与监督

学院、系等基层单位是教师开展教学、科研、人才培养工作的载体,也

是学校与教师之间的桥梁。高校的人事管理体制要从学校集权的"尖型结构"中走出来，转向"战略型"目标管理。学校要在宏观指导和扩大基层单位的人事自主权之间寻找一个合理的支撑点，将教师聘任管理的一部分权力和责任下放到基层单位，通过明确的规章制度，强化基层单位的全局意识和责任意识，加强对基层单位的有效监督和科学指导，充分调动基层单位在教师聘任工作中的积极性、主动性和创造性，从而更好地实现聘任制的目标。

（六）深化人事制度改革，积极完善社会保障制度

继续深化事业单位人事制度改革，积极推进高校人事制度改革的步伐，建立起适应社会主义市场经济体制和符合高等教育发展规律的高等学校人事管理制度。在用人制度、聘任制度、分配制度、评审制度等方面赋予高校更多自主决定的权利，使高校根据自身的发展目标、定位和办学特点进行创新和发展，促进高等教育事业的稳步前进，进一步探索新型的人事管理制度，推行和实施人事代理制度，促进教师人事关系。进一步社会化，使人事关系与劳动关系相分离，人才使用权与所有权相分离。对人事代理制度进行的专业化、法制化、系统化、集约化的管理，更有利于人事管理的规范化和科学化，同时也为用人单位节省了人力物力，提高了工作效率。

积极完善社会保障体系，实现教师医疗、养老、社会福利及住房问题的社会化，真正解除教师的后顾之忧。这对于教师聘任制实施过程中解决落聘人员的安置问题、促进人员的合理分配和流动具有十分重要的作用和现实意义。

三、实施聘任制应处理好的几个关系

（一）高校发展与教师价值的关系

高校的发展决定了高校需要通过提高办学质量、办学水平和办学效益获得社会的认可，教师的价值决定其需要通过提高教书育人和科学研究的水平，来获得社会的认可，二者的目标在总体上是一致的。教师聘任制的关键是要发挥好教师的主人翁意识，充分尊重教师个人的发展，激发其内在潜能，引导教师把个人的发展并轨到团队的发展方向上来，将个人发展目标与高校发展目标相结合，并以高校的发展为保障和依托，为实现个人价值拓展空间。

（二）岗位与身份的关系

教师聘任制应淡化"身份"，强化"岗位"，身份可适当作为聘任的参考

因素，而不应作为确定聘任对象的必备要求，聘任制应以岗位要求为主要考虑因素，根据应聘对象的能力与业绩来确定其是否能受聘。推进教师聘任制，可以强化以业绩与能力为导向的竞争激励机制，弱化以身份为导向的机制，使"身份"管理逐渐退出历史舞台，真正建立以岗位管理为核心的高校教师管理制度。

（三）人才队伍稳定与流动的关系

稳定是高校发展和教学、科研工作顺利开展的重要基础，人员的合理流动有利于教师队伍始终充满生机活力。聘任制的改革既要保持学校的安定团结和骨干教师队伍的稳定发展，又要推动人员的有序流动，体现改革力度，实现改革目标。通过真正实施聘任制，使高校的教师队伍在动态的稳定中合理流动，从而实现高校教师资源的合理配置，保证教师队伍结构不断优化，质量持续提高。

（四）现实利益与可持续发展的关系

高校实施聘任制的改革是为了破除旧习带来的种种弊病，提高当前的办学效益，使高校在短期内体现出改革的成果，但同时，改革要为高校的未来留有可持续发展空间，以促进高等教育事业不断蓬勃发展。现实利益和可持续发展，是高校聘任制度改革必须兼顾的两个方面，因此既要考虑当前学校的实际情况和学科建设、学术研究、制度管理的特点和要求，又要兼顾长远的组织建设、队伍建设、制度建设、目标建设和学科发展等问题，这是一个系统工程。

（五）激励与约束的关系

激励与约束是高等学校教师聘任制中具有对立和统一辩证关系的两个重要方面。既不能只有激励而无约束，又不能只有约束而无激励，应妥善处理好聘任机制中激励与约束的关系。激励应是合理有度的，是长期激励与短期激励相结合、物质激励与精神激励相结合的长效机制。约束既是促进教师内在动力的有效方式，又不能让教师长期处于焦虑紧张的状态。通过聘任制实现激励，使优秀的人才脱颖而出，使其价值得到社会的认可，激发他们从事教育工作和科学研究的创新性和积极性，从而实现高校用人制度改革的目的；通过聘任制的竞聘、考核等手段的约束，对不合格、不称职的教师施加压力乃至将其调离工作岗位或解聘，促使教师始终保持积极进取的精神。激励与约束对立统一，相辅相成，共同支撑聘任制的改革和实施。

高校教师聘任制的改革是十分复杂的系统工程，需要通过长期不懈的共同努力在实践中不断总结和完善。要从推进高等教育事业发展、加强高校教师队伍建设、提高教师队伍素质、优化教师资源的配置和促进高校教师人力资源管理的高度，来认识改革与完善教师聘任制的重要性，要以科学发展观为指导，借鉴国内外的先进经验，结合自身的发展特点和办学特色，不断推进制度创新。随着社会主义市场经济体制的不断完善和高等教育事业的全面发展，高等学校教师聘任制会逐步走上法制化、规范化的轨道，聘任制度改革的目标将会逐步实现。

第五章 高等教师薪酬管理

第一节 薪酬概述

随着我国社会主义市场经济体制的不断完善，人才管理市场化机制改革也将不断深化，高校内部管理体制必将面临新的挑战。高校教职工薪酬的管理成为高校人力资源管理吸引人才，稳定人才，用好人才的最基础、最关键的环节。高校的薪酬制度要适应新变化，迎接新挑战，满足高校发展的新要求，就必须在制度安排和管理上有所创新。

任何人的付出都需要也应该得到相应的回报，合理的薪酬是教职工工作动机的前提条件。因此，学校管理者应当掌握薪酬管理的原则与方法，设计出行之有效的薪酬体系，切实保障教职工的利益，激发其劳动积极性，进而实现学校的发展目标。

一、关于薪酬的理解

（一）不同时代——不同特色

"薪酬"一词在不同的历史阶段，有着不同的定义，表达"薪酬"含义的英文单词经历了"wage（工资）—salary（薪水）—compensation（薪酬）"的变化过程，每一阶段都有各自的时代特色，目前来看，企业使用越来越多的是total rewards（总体报酬）一词。

1. wage（工资）

工资，在德语中有雇佣的含义。按照马克思的说法，"工资制度滥觞于古代，是在古代的军队中发展起来的"。在中国的古代，也有所谓"军饷"的说法。近代的工资，指的是工业革命初期，雇主根据雇员工作时间的长短，以货币形式支付给工人的劳动报酬，这一时期，雇主为了获得最大利益，尽可能地压低工人工资，数额一般为刚刚能够维持劳动者个人及其家庭生存的最低标准，以保证工人可以尽快花掉工资，继续在工厂中工作。wage（工资）时代的工作报酬基本上属于基本工资，一般表现为计时或者计件工资，福利仅占很小比例。

2.salary（薪水）

salary 是指非体力劳动者所得到的"工资、薪水"，有时按月、按季或按年计算。在美国，人们经常把薪水和工资加以区别。薪水是指支付给那些豁免于《公平劳动标准法案》相关规定的雇员的报酬，这些雇员通常没有加班工资，往往被称作"例外者"。一般而言，管理人员和专业技术人员属于这类，他们的工作时间不以小时计算，而是以年或月计算。当然，那些符合《公平劳动标准法案》规定条款的领取加班工资的员工们被称为"非例外者"，他们的报酬通常以小时计算，被称作工资。一些企业，如惠普和IBM，为了建立符合企业发展要求的管理理念，培养员工的团队精神，把所有的基本工资都叫作薪水，而不是将员工分成薪水阶层和工资阶层。

在我国，由于过去人们都是以月为单位领取工资的，因此也就没有薪水与工资的区分。但是随着多种雇佣关系的出现，我国的薪酬制度也出现了与美国相似的划分方法。总体来看，这一时期的 salary 表达的意思依然是"基本工资"，并且基本工资在总工资中所占比例也依然很大，但是比起 wage 时代，福利水平有所提高。

3.compensation（薪酬）

compensation 是从 1980 年开始，逐渐被人们所接受的，也是目前薪酬的主要表达方式。从字面上来看，它的意思是平衡、补偿、回报，符合劳动者付出劳动、为企业作出贡献，企业支付给劳动者报酬的这种交换关系。比起 salary 和 wage，compensation 的涵盖内容已经比较广泛了，它既包括直接以现金形式支付的工资（基本工资、绩效工资、激励工资、生活水平调整增资），也包括通过福利和服务（养老金、医疗保险、带薪休假等）等非现金形式支付的部分。这一时期薪酬的激励性已经相当明显。

4.total rewards（总体报酬）

2000 年，美国薪酬协会（WAW）拓宽了薪酬的内涵，提出了"总体报酬（total reward）"的概念。这一概念，将薪酬拓展至"报酬"，报酬的范围延伸到企业为工作而回报的每一件事物，或者员工在雇佣关系中获得的每一件事物，将非货币形式的回报纳入框架之中，解决了货币报酬刚性特征对企业的困扰，也适应了员工拥有越来越多样化需求的趋势。总体报酬包括 compensation（薪酬）、bonus（红利）、allowance（津贴）、work-life（工作环境）、performance and recognition（个人能力认可）、development and career opportunities（职业发展机会）等多个方面，有内在报酬和外在报酬两部分内容。外在报酬一般就是我们所说的 compensation，内在报酬是指与工作相关的非经济报酬，是指雇主利用所有可用的工具，来吸引、激励和保留员工，它涵盖了几乎所有员工可以感知的价值。total rewards 是进行薪酬设计的发展方向，本书采用总体报酬的概念。

（二）不同学科——不同视角

1. 经济学视角

在经济学家的著作中，对薪酬的探讨主要集中在工资方面，一般围绕着工资性质及工资决定机制展开，对于不同形式的薪酬，经济学家统一采用"工资"一词。关于工资的形成因素研究，最早是从亚当·斯密（Adam Smith）开始的，他在著作《国民财富的性质和原因的研究》一书中，界定了工资的性质："工资是劳动的价格，而劳动是财富的源泉之一。"其后，许多经济学家在对国民经济增长、人口变动和工资水平之间关系的考察中，提出了最早的生存工资理论。该理论认为，从较长时期来看，工人的工资等于其最低的生活费用。也就是说工人工资只能维系基本生活水平。随后，探讨主要围绕工资决定因素进行，比较著名的理论有约翰·斯图尔特·穆勒（John Stuart Mill）的工资基金理论；约翰·贝茨·克拉克（John Bates Clark）的边际生产理论；阿尔弗雷德·马歇尔（Alfred Marshall）的均衡价格工资论；谈判工资理论；集体谈判工资理论；西奥多·W. 舒尔茨（Theodore W. Schultz）的人力资本理论；分享工资理论；效率工资理论等。

2. 管理学视角

就管理学视角而言，关于薪酬问题的分析主要是从相对微观的角度进行的，一般情况下是对薪酬体系的基本内容、基本构成、薪酬管理方面的技术应用等一系列薪酬问题加以探讨。

乔治·T. 米尔科维奇（Gerge T.Milkovich）与杰瑞·M. 纽曼（Jerry M.Newman）在《薪酬管理》一书中，将薪酬定义为雇员作为雇佣关系中的一方，所得到的各种货币收入，以及各种具体的服务和福利之和。这里对薪酬的基本构成、基本内容做了表述，并从社会、股东、雇员和管理者四个角度对薪酬的内涵一一进行了阐述。

加里·德斯勒（Gary Dessler）认为，薪酬实际上指员工因为被雇佣而获得的各种形式的报酬，一般包括两个部分，首先是以工资、奖金、佣金和红利等形式获得的直接货币报酬，其次是以各种借鉴货币形式支付的福利，如雇主支付的保险、带薪休假等。与米尔科维奇、纽曼的观点基本相似，德斯勒是从薪酬支付方式的角度来表述的。管理学视角下的薪酬管理，实际上是从薪酬本身着手，通过薪酬管理解决薪酬激励有效性和薪酬激励目标的过程。

二、薪酬的分类

一般而言，按照货币支付的形式，薪酬可以分为经济性薪酬和非经济性薪酬两大类，而经济性薪酬又可再分为直接经济性薪酬和间接经济性薪酬。

（一）直接经济性薪酬

直接经济性薪酬是单位按照一定的标准以货币形式向员工支付的薪酬，包括基本工资、奖金绩效工资、激励工资、津贴、加班费、佣金、利润分红等。

其中，工资是指根据劳动者所提供的劳动的数量和质量，按事先规定的标准付给劳动者的劳动报酬。其计量形式有计时工资和计件工资，计时工资是指根据员工的劳动时间来计量的工资，主要分为小时工资制、日工资制、周工资制和月工资制四种。计件工资是按照员工的实际劳动成果的数量而计发的工资，即预先规定好计件单价，根据员工生产的合格产品的数量或完成一定工作量来计量工资的数额。

奖金则是对职工超额劳动的报酬，也就是我们常说的绩效工资，包括佣金、团队奖励、利润分成等。

激励工资主要体现为短期工资和长期股权；津贴与补贴主要是针对职工在特殊劳动条件、工作环境中的额外劳动消耗和生活费用的额外支出的补偿。一般把与工作相联系的补偿称为津贴，津贴又分为生活性津贴、劳动性津贴和地域性津贴三种。把与生活相联系的补偿称为补贴。

这里需要注意的是，在工资、奖金及津贴三者之间并没有固定的比例。

（二）间接经济性薪酬

间接经济性薪酬是不直接以货币形式发放给员工，但通常可以给员工带来生活上的便利，可以减少员工额外开支或者免除员工后顾之忧的薪酬，主要体现为给予员工的各种福利政策，例如养老保险、医疗保险、失业保险、工伤及遗嘱保险、住房公积金、餐饮等。

福利是对员工劳动的间接回报，目前被普遍采用的福利除上面所说的几类之外，还有带薪假日、医疗、安全保护、保险、补贴、各种文化娱乐设施等。

非经济性薪酬主要是指无法用货币等手段来衡量，但会给员工带来心理愉悦效用的一些因素。其他货币性薪酬包括有薪假期、休假日、病事假等。

薪酬的本质就是一种交换或者说是交易。在这个交易中，工人获得其生活所需的各种货币和非货币资源，企业或组织获得能够保证其正常运作的各种人力和物力，因此要遵循等价交换的原则。

三、薪酬的基本构成

薪酬是一种价格表现，所以人们常常将其与货币划等号。实际上，薪酬的表现形式是多种多样的，主要包括工资、奖金、福利、津贴与补贴股权等具体形式。支付方式除货币形式和可间接转化为货币的其他形式之外，还包括终身雇佣的承诺（职业保障）、安全舒适的办公条件、免费的餐饮、参与决策的机会、反映个人兴趣和爱好的工作内容、学习成长的机会和条件、引人注目的头衔和荣誉、充分展示个人才华的工作平台等。

（一）基本工资

基本工资是组织根据员工所承担的工作任务，或是员工所具备的完成工作的能力，向员工支付的较为稳定的报酬。它为员工提供基本的经济保障，属于员工的较为稳定的收入来源。一般情况下，企业是根据员工所担任的职位性质与重要程度来制定基本工资标准的，但也不排除有的企业根据能力或者资历来确定基本工资。

员工的基本工资的确定并不代表它会一成不变，企业往往会有自己的一套调整机制，主要依据有以下几点：

（1）员工的职位发生变化。一般情况下企业会制定岗位工资，随着岗位的变化基本工资会随之调整。

（2）员工自身技术能力与素质。当员工完成某种技能培训或者获得某种职业证书时，也可能会得到加薪。工作年限的长短也会影响薪资水平。

（3）市场环境的变化。随着市场内消费水平、物价水平的变化，企业也会根据实际情况对基本工资稍作调整。

（二）绩效工资

绩效工资又称绩效加薪、奖励工资或与评估挂钩的工资，是以员工被聘上岗的工作岗位为主，根据岗位技术含量、责任大小、劳动强度和环境优劣确定岗级，以企业经济效益和劳动力价位确定工资总量，以员工的劳动成果为依据支付劳动报酬。是企业出于战略发展的考虑，为鼓励员工实现绩效目标而设定的薪酬奖励机制。绩效工资一般分为狭义绩效工资和广义绩效工资。

狭义绩效工资是指我们通常所说的奖金，是与工作任务完成程度直接相关的一种经济性报酬，是企业根据员工按时完成或者超额完成某项任务的情况所设定的浮动薪酬，对于员工具有很强的激励性，其更多地是奖励短期行为，较为灵活；广义的绩效工资是一种长效薪酬机制，与企业的长期发展目标联系在一起，在于鼓励员工努力实现跨年度或者多年度的绩效目标，能够对一个企业的组织文化起到强大的支持作用。它有助于企业强化员工个人、员工群体乃至公司全体员工的优秀绩效，从而达到节约成本、提高产量、改善质量及增加收益等多种目的。常见的激励工资形式主要有奖金、津贴、个人特别绩效奖、团体绩效奖等。

（三）福利和服务

福利和服务是企业在基本工资和奖励性工资之外设立的，用来吸引和留住人才的一种较为灵活的薪酬制度，它并不是按照员工工作时间来计算的，一般分为法定福利和企业福利。法定福利主要是指根据国家政策规定的强制性社会保障，如养老保险、医疗保险等。美国的 401K 计划、中国的城乡基本养老保险等都属于这类；企业福利是指企业根据自身经营状况所设计的诸如企业年金、带薪休假、儿童看护、家庭理财等个人及家庭福利与服务。随着现代企业管理方式的不断深化发展，福利和服务在薪酬制度中发挥的作用越来越广泛。

四、薪酬制度的构建原则

薪酬制度决定着企业的综合竞争力。好的薪酬制度不仅能满足员工的各方面需要，还可以提高劳动生产率和工作满意度，对于吸引和留住人才也至关重要。在构建薪酬制度时，需要注意以下几点原则。

（一）公平性原则

薪酬制定的公平性原则一般包括内部公平性和外部公平性两个方面。内部公平性是指企业内部不同职位之间的薪酬对比，主要是要保证组织内员工的工作努力程度、对组织所作贡献程度要与之所获得的报酬相对等。首先，内部相同工作或能力相当的员工之间，劳动报酬要对等；其次，从时间上来看，员工目前的工作业绩与所得回报，同之前的工作业绩与所得回报相比，要显示出公平性。外部公平性主要是指薪酬的外部竞争性，主要是指本组织员工与行业内从事同种工作的员工相比，二者的劳动报酬是否存在差距，若差距较大，则会产生不公平感，员工则会消极怠工甚至选择跳槽。当员工工资待遇高于同行业其他公司时，员工会产生满意感，那么也就有利于企业吸引和留住优秀人才，获得较强的人力资源竞争优势。

（二）激励限度原则

激励限度原则是指企业应该根据自身经营状况、行业内基本情况进行薪酬设计。并不是薪酬越高越好，薪酬制定得过高，未必会起到激励作用，还很可能因为企业利润空间减少，导致企业无法正常运转。最好的薪酬制度应该是最适宜的薪酬制度。企业在进行薪酬设计时，新入职员工工资不应过高，要存在上升空间，要让其感受到薪酬是存在阶梯激励的，通过不断地进步才能获得更多的劳动报酬。当然，工资、奖金及福利的上调要注意预测企业的经济实力，根据预测结果进行调整，以确保公司的正常利润周期。总地来说，全体员工工资总额不应高于同期企业生产经营总额，员工劳动报酬上调额度不应高于同期利润总额。

激励限度原则不仅仅是对企业负责，同时也是对员工负责。

（三）战略导向原则

根据迈尔克·E.波特（Michael E.Porter）的战略理论，企业的基本外部战略分为三种：低成本战略、差异化战略和目标集聚战略。对于低成本战略的公司来说，获得竞争优势的关键就是在所有可能的生产节点上节约成本，一般来说，越是科技含量低的企业，人力成本所占的比例越小，除基本工资外，奖金福利等所在的比例相对较小；对于实行差异化战略的企业来说，决定公司成败的往往是标新立异，所以特别薪酬制度的设定往往是吸引人才的关键，如对于一些软件研发公司来说，公司环境之类的隐形报酬尤为重要；对于实行目标集聚战略的企业来说，公司的目标往往是集中在发展某一特定产品或者区域，所以关于薪酬的成本也主要应该集中在某一产品开发或生产的费用或者区域的员工工资，这样可以为企业争得特定人才。

五、薪酬的水平和功能

（一）薪酬的水平

薪酬水平是指企业支付给不同职位员工的平均薪酬，是企业内部各类职位和人员平均薪酬状况的直接表现。薪酬水平通过将企业薪酬与当地市场薪酬行情和竞争对手薪酬绝对值相对比的手段，侧重分析组织之间的薪酬关系及本组织的整体薪酬支付实力，反映了企业薪酬的外部竞争性特点。

按照不同的划分标准，薪酬水平也有不同的分类。首先，按照划分层次的不同，可以将薪酬水平划分为国家平均薪酬水平、地区平均薪酬水平、部门平均薪酬水平或企业任职人员平均薪酬水平。其中，企业员工的薪酬水平主要指以企业为单位计算的员工总体薪酬的平均水平，包括时点的平均水平或时期的平均水平。

其次，还可以将其划分为内部薪酬水平和外部薪酬水平。最后，按照对象的不同，还可以将薪酬水平划分为整体薪酬水平和某一特定职业群体的薪酬水平。

一个组织所能承担的薪酬支付水平的高低不仅会对企业在人力资源市场上获取所需人力资源的能力产生影响，关系到企业对员工的吸引力的大小，还会影响企业的整体竞争力。薪酬水平的计算公式为：

薪酬水平＝薪酬总额／在业的员工人数

一般来说，测定企业薪酬水平的方法主要有两种，第一种是测量企业薪酬水平在相关劳动力市场中的位置，这是一种相对量的指标；第二种是测量企业业支付给不同职位的平均薪酬，这是一种绝对量的指标。

从一般意义上讲，对企业薪酬水平策略类型的划分主要是依据企业的战略目标，同时结合企业战略和人力资源市场状况来进行的。按照这种思路，可以将薪酬水平策略划分为领先型策略、跟随型策略、滞后型策略、权变型策略和混合型策略。

其中，领先型薪酬策略主要采取的是以高薪为代价，即本组织的薪酬水平高于竞争对手或市场的薪酬水平的策略。这种薪酬策略，在吸引和留住员工方面都具有明显优势，还能将员工对薪酬的不满降到一个相当低的程度。

跟随型薪酬策略是力图使本组织的薪酬成本接近竞争对手的薪酬成本，使本组织吸纳员工的能力接近竞争对手吸纳员工的能力。跟随型薪酬策略是企业最常用的策略，也是目前大多数组织所采用的策略。滞后型薪酬策略是本组织的薪酬水平低于竞争对手或市场薪酬水平的策略。这是由企业利润率比较低，成本承受能力弱，没有能力为员工提供高水平的薪酬造成的。

权变型薪酬策略是指有时在不同的薪酬构成部分之间实行不同的薪酬政策，依据薪酬水平的变化和竞争对手薪酬水平做出相关调整的策略。

混合型薪酬策略，主要用于企业确定薪酬水平，是根据职位的类型或者员工的类型来分别制定薪酬水平的决策。

领先型薪酬策略和滞后型薪酬策略都是比较传统的类型，目前使用最广泛的是混合型薪酬策略和跟随型薪酬策略。

（二）薪酬的功能

从总体上看，薪酬的功能是使一个组织能够吸引、激励和保留组织所需的人力资源，从而保证组织正常运行，实现组织的预定目标。在理论界与实践工作中，人们通常认为，薪酬具有保障、调节和激励三大功能。

1. 经济保障功能

劳动是指员工脑力和体力的支出，员工是企业劳动力要素的提供者，企业只有给予其足够的补偿，才能使其不断投入新的劳动力。从经济学的角度来说，薪酬实际上就是劳动力的价格，其作用就在于通过市场将劳动力配置到各种不同的岗位。

在市场经济条件下，薪酬收入是绝大部分劳动者的主要收入来源，它对于劳动者及其家庭的保障作用是其他任何保障手段无法替代的。薪酬对于员工的保障作用不仅体现在要满足员工的吃穿住行等方面的基本生存需要，还体现在要满足员工的娱乐、教育、培训等方面的发展需要。总之，员工薪酬水平的高低对于员工及其家庭的生存状态和生活方式所产生的影响是非常大的。

2. 调节功能与社会信号功能

调节功能主要是从宏观角度解释薪酬在调节社会人力资源方面发挥的作用。在现代社会中，人员在企业之间甚至在地区之间频繁流动，而薪酬作为流动社会中的一种市场信号则很好地说明了一个人在社会中所处的位置。换言之，员工所获得的薪酬除具有经济功能以外，实际上还在向其他人传递着一种信号，人们可以根据这种信号来判定他人的家庭、朋友、职业、受教育程度、生活状况及价值取向等。不仅如此，在一个企业内部，员工的相对薪酬水平往往也代表了员工在企业内部的地位和层次，从而成为对员工的个人价值进行识别的一种信号。因此，员工对这种信号的关注实际上反映了员工对于自身在社会及企业内部的价值的关注。从这方面来说，薪酬的社会信号功能也是不可忽视的。

3. 心理激励功能

从人力资源管理的角度来看，薪酬应主要体现和发挥它的激励功能。所谓激励功能，是指企业用来激励员工按照其旨意行事，调动员工积极性、创造性的功能。在市场经济条件下，对员工的激励除了精神激励（员工自我价值的实现），还有物质利益的激励。在现实生活中，员工一方面要追求自身的价值、主人翁感和认同感，另一方面更重视追求实在的利益，而劳动则是员工获取收入以提高自己生活水平的基本手段。在这种情况下，企业通过各种具体工资（包括奖金），把收入与员工对企业的劳动贡献联系起来，就能使劳动收入（包括工资收入）发挥激励功能。正如美国著名比较经济学家 E. 纽伯格（E.Neuberger）所指出的："不管采用什么样的激励结构，这种结构要有效，就必须同所要影响的当事人的目标函数相一致。"

第二节 薪酬管理的内容

一、薪酬的影响因素

薪酬的影响因素分为内部因素和外部因素两个方面。影响薪酬的内部因素是指与教职工所担任的工作或职务相关的因素。外部因素是指对薪酬的确定有重要影响的一些经济社会问题等，它与教职工的工作状况、特性无关。

（一）影响薪酬的内部因素

1. 个人的工作绩效

学校教职工的劳动能力有差异，在同样的工作条件下，其劳动绩效有高有低，因此根据按劳分配的原则，劳动绩效不同，薪酬就会存在差异。教职工的工作量越大、贡献越多，相应的薪酬也应该越高。

2. 职务的差异

学校教职工的职务不同，其工作职责、劳动强度、技能水平、复杂程度等就会存在差别。对职务较高、责任重大的教职工给予较高的薪酬是合理的。

3. 技术和培训水平

学校教职工不同的培训水平和技术水平，会影响其劳动能力的高低和任职资格，继而影响他的工作绩效和薪酬水平。原则上技术水平越高、所受训练层次越高，得到的薪酬就越高。

4. 工作条件

工作条件的好坏，也是影响教职工薪酬高低的重要因素之一。一般从事条件艰苦和危险性较高的工作的教职工，要比在正常工作时间，在安全、舒适的地方工作的教职工的薪酬高。因为前者的体力、脑力消耗大，工作又有一定的危险系数，为了对此做出补偿和激励，往往给予前者较高的报酬。

5. 年龄与工龄

年龄与工龄因素主要是指老教职工的工作经验和劳动贡献的积累，针对这些因素给予其经济补偿，可以减少人员流失，保持平衡的年龄收入曲线。

（二）影响薪酬的外部因素

1. 当地的生活水平与物价水平

在确定学校教职工的薪酬待遇时，应该参考当地企业职工的工资水平，使教职工的收入水平与企业职工的收入水平大体平衡，同时，也要参考本地区、本行业工资水平。同一行业不同组织的薪酬标准差异不能太大，否则，会造成低工资部门的人员流失。为保证生活质量和生活稳定性，个人对工资的期望往往会随着当地的生活水平与物价水平的变化而变化。

2. 劳动力市场供求状况

在市场经济条件下，人才的供求与商品的供求一样，存在着价值规律。当人才供不应求时，学校会提高薪酬标准，吸引人才；当人才供过于求时，求职者会自动地降低期望薪酬，以期找到一个满意的工作。

3. 国家的经济发展水平

如果国家经济持续发展，那么社会总体的薪酬水平也会随之提高。因此，这也是一个重要的参考因素。

4. 国家的法律和政策

在不同时期、不同地域，国家会有不同的工资政策和法律，如国家在法律中规定了最低工资制度等。学校需要依据国家法律和国家政策调整校内教职工的薪酬水平。

二、薪酬管理的内容

薪酬管理是指企业在战略思维的基础上对本企业员工薪酬的支付标准、发放水平、要素结构进行确定、分配和调整的过程，是企业人力资源管理的一项重要职能活动。传统薪酬管理仅具有物质报酬分配的性质，而对员工的行为及心理特征考虑较少，其着眼点是物质报酬；而现代企业薪酬管理的着眼点转移到了人，转移到对人的影响及作用上。企业经营首先要树立目标，企业目标的实现有赖于对员工的激励，现代薪酬管理将物质报酬的管理过程与员工激励过程紧密结合起来，使之成为一个有机的整体。薪酬管理的内容主要包括以下几个方面。

（一）薪酬体系管理

1. 薪酬体系

薪酬体系主要包括基本工资、附加报酬、绩效工资、奖金和额外的福利。基础工资是薪酬体系的基础，它体现了工作对于组织的价值，并与外部市场上这一工作的价值相一致；津贴是在基础工资之外的工资差别，它反映了与绩效无关的因素；绩效工资是对基础工资的增加部分，以反映不同员工或不同群体之间的绩效水平的差异；额外的福利，有时候又称为间接福利，是对工资的附加部分，不常反映在员工所获得的直接薪酬中。

工资会受工资制度的影响，福利的分配也是薪酬体系的关键问题。如果选用的工资制度不合适，不仅会导致不能对同一级别职位的相对价值进行正确区分，造成评价的主观性较强和缺乏透明度的后果，还会抑制企业内部人员的配置和职务安排，使职工丧失进取的动力，劳动积极性受挫，进而使企业流动率过高，生产发展受阻；更不能将不同层次员工对公司产生的绩效区别开来，使工资失去激励作用，造成一些员工瞒报业绩的行为。对于福利的分配，也很重要。如果单纯地在福利上实行平均分配，就达不到通过福利吸引和留住核心员工的目的，进而会给公司必要的人员流动带来影响。

合理的薪酬体系的建立必定是基于人力资本理念的。这种薪酬体系的不同点在于：其结构采用的是宽带型薪酬结构，而不是以往比较狭窄的薪酬结构，它以能力为基础，核心是人，而非工作；它在重视内部公平性的同时，更强调外部市场的调节作用；更注重扩大和强化与集体或团队绩效相结合的可变薪酬的作用，更强调认可和奖励个人的成就或绩效。

2. 薪酬体系的分类

企业的薪酬体系一般分为五大类，具体表现如下：

（1）以年资为基础的薪酬体系

这种薪酬体系偏重于生活保障，为了保持平滑的收入曲线，降低流动率，将员工的年龄及其在企业服务的年限作为决定员工薪酬的重要因素。员工薪酬的增长是通过在企业服务年限的长短体现出来的。这种薪酬体系将员工个人的发展与企业的发展结合起来，但是也存在着很多问题，比如，不能体现员工对企业的贡献，不能很好地促进员工学习和工作的热情。这种薪酬体系在那些存在着内部劳动力市场、采取终身雇用制或是很少解雇员工的企业里较常用。

（2）以职位为基础的薪酬体系

这种薪酬体系是建立在职位评价的基础上的。员工所担任职务的差别是决定其基本工资差别的主要因素，通过对职位的分析和职位评价的结果，将职位的排列与薪酬水平相结合。在以职位为基础的薪酬体系中，只要员工职能或是作用发生了变化，就可以增加其薪酬，而不考虑员工是否很好地履行了该职能。这种薪酬体系容易培养员工的进取感，但是这种薪酬体系的灵活性较差，有机械管理的倾向。

（3）以技能为基础的薪酬体系

这种薪酬体系与员工所从事的工作有很大的联系，其基本思想就是根据员工所取得的证书或培训证明的技能水平来决定其薪酬，根据职位要求的不同，既可以以技术的广度也可以以技术的深度作为薪酬决定的主要因素。这种薪酬制度可以鼓励员工不断地学习，努力提高各种与提高工作绩效有关的技能，以促进企业的发展。这种薪酬结构确定方法的最大优点就是企业能够拥有一支比较精干的员工队伍，最大限度地避免人浮于事，在员工调配方面有很大的灵活性。但是，由于员工薪酬由其所掌握的技能水平决定，因此员工势必会积极要求参加技术培训，以尽快达到高级别的薪酬水平，这就容易导致员工的薪酬水平达到上限，造成企业人工成本过高，进而影响企业产品在市场上的竞争力。

（4）以能力为基础的薪酬体系

这种薪酬体系着重考察员工创造价值力，重视员工潜质的发掘，关注的是未来。因为员工个人所拥有的能力在很大程度上是个人和公司取得成功的关键，通过鼓励员工掌握提高工作绩效所必需的某些能力，可以提高公司的整体竞争力。这种薪酬体系要求对员工的某些能力进行评定，对能力强的员工支付较高的薪酬。员工具备的能力体现在知识、技能及经验的积累程度上。员工个人的能力通常并不能得到准确的定义和衡量，因此以此做出薪酬决策比较困难，而且实施的过程也较为复杂。

（5）以绩效为基础的薪酬体系

在这种薪酬体系中，工资的增长是与绩效联系在一起的。它较为关注员工以往的工作表现，将员工对企业的贡献与薪酬结合在一起。

（二）薪酬结构管理

薪酬结构管理是关于薪酬的构成要素及确定各要素占多大比例的管理。薪酬要素主要有基本工资、奖励工资、津贴、福利和服务及可变薪酬等。

1. 基本工资

基本工资是薪酬结构中其他部分的计算基础，主要以员工所在部门、岗位、职位及员工个体之间的劳动差异为基础。

2. 奖励工资

主要以员工超额有效劳动为计算依据，是员工在完成既定任务的基础上，进一步付出有效超额劳动的报酬。

3. 津贴

津贴主要包括三大类：与劳动直接相关的津贴、生活保障性津贴和地区性津贴。津贴是企业对员工在特定劳动条件下工作，或从事特定的具有超常劳动强度的工作所付出的超额劳动，或为了保证员工的实际生活水平的稳定，或为了补偿员工在特定地理自然环境条件下的生活费的额外开支等，而支付的补偿。

4. 福利和服务

福利和服务是指企业在支付员工与劳动有关的报酬之外，为确保和提高员工及其家属生活水平而从生活的诸多方面采取的保证和激励措施的总称，如社会保险、带薪假期、疗养、娱乐活动等。

5. 可变薪酬

这部分一般具有薪酬延期支付的性质，并通过资本增值的形式实现，多用于管理人员的激励。股票购买特权、股票期权、虚拟股票权及绩效股权等都是可变薪酬的表现形式。

（三）薪酬支付形式的管理

薪酬支付形式是指薪酬是以工作时间为单位，还是以产量、销售量为单位来计算，这是薪酬支付的基础。支付形式主要有两种：一种是计时工资；另一种是计件工资。

计时工资是指员工按照工作时间获取报酬的制度，如按照小时、周、月等标准来获取工作报酬。企业一般对行政人员、管理人员等以计时工资的形式支付报酬，计时工资的优点在于其计量容易。其缺点是不能很好地反映劳动的强度和劳动成果，同时，由于工作刺激性不强，因此管理成本较高。

计件工资把员工的报酬与其产量或工作量直接挂钩。销售人员的佣金就是将薪酬与销售量直接挂钩的一种计件工资的形式。计件工资的好处在于将员工的劳动成果与薪酬直接挂钩，有利于激励员工提高绩效。但是其最大的缺点就是容易导致短期利益的产生，比如生产工人很容易为了提高产品数量而忽视产品的质量，以及不重视生产设备的保养等。同时，实施计件工资也受到了很多客观条件的限制，比如，所从事的工作必须是易于衡量的，且可以直接归因于个人或某个团队的工作；工作的速度是可以由员工自己控制的，而不是由其他的客观条件控制等。

（四）薪酬调整管理

企业的薪酬问题可以通过薪酬水平的调整、薪酬结构的调整、薪酬要素构成的调整来解决。

1. 薪酬水平的调整

薪酬水平的调整，是指薪酬结构、等级要素、构成要素等不变，调整薪酬结构上每一等级或每一要素的数额。在薪酬水平的调整中，除贯彻三个公平的原则之外，还要处理好以下关系。

（1）选择调整战略和新的政策

企业总体薪酬水平的主要作用是处理与外部市场的关系，实现一种能够保持与外部竞争力的薪酬水平。为了贯彻新的薪酬政策而进行的薪酬调整，企业决策层可以将薪酬作为进行外部竞争和内部激励的一个有效手段，企业可以实行领先薪酬水平政策，将薪酬水平提高到与同行业或同地区市场整个薪酬相同的优势水平上。在制定领先的薪酬水平政策时，可以暂时不考虑企业当前的财务状况，不要单纯把薪酬作为一种人工成本，而要将其作为一种战略投资或者说风险投资进行设计。

企业也可以选择先领先、后滞后的政策。即使企业前半年的薪酬领先于市场水平，后半年的薪酬逐渐与市场拉平。企业还可以选择落后于市场水平的政策，即以市场薪酬率作为薪酬调整的基准，随着时间的推移，使企业薪酬水平落后于市场水平。

（2）重视经验曲线规律，对不同岗位和员工进行有区别的调整政策

经验曲线是指随着时间的增加，某个人对某个岗位、某项工作的熟悉程度、经验积累乃至感情会逐渐增加，从而有利于员工改进工作方法，提高工作效率，更好、更合理地完成本职工作。但是这种经验不是永远增加的，随着时间推移，经验的积累也将越来越慢，直至停止。经验曲线在不同性质的工作之间的作用程度和积累效应是不同的，一般而言，技术含量高的工作经验曲线的积累效应大，反之则小。

例如，从事技术工作的员工，随着年限的延长和经验的积累，其研究和开发能力会逐步提高。因此，越是简单易做的工作，其经验积累得越快，并且这种经验也将很快达到顶峰，不再继续增加。但如果工作本身难度很高，需要较强的创新精神，那么这种经验的积累速度将是十分缓慢并且是长期的，这种经验只要稍微增加就可以促进员工能力和工作效率的大幅度提高。因此，薪酬增加应该尊重经验曲线规律的作用，这主要体现在经验曲线效应较强的工作中，随着时间的推移，从事这些工作的人员的薪酬需要上涨，而且在曲线上升期间，薪酬不仅应该增加，而且应该按照递增的比例增加；到经验曲线下降或者不起作用之时，可以适当地降低薪酬增长幅度或者采取其他激励方式。对于经验曲线效应不强的简单工作，如熟练工种和后勤工作等，其从事人员的技能与工作经验之间的相关性不强，薪酬调整可以不过多考虑经验与增加薪酬之间的关系。

2. 薪酬结构的调整

薪酬结构的调整包括纵向结构和横向结构两个领域。纵向结构是指薪酬的等级结构；横向结构是指各薪酬要素的组合。纵向等级结构常用的调整方法

包括以下几种。

（1）增加薪酬等级

增加薪酬等级的主要目的是将岗位之间的差别细化，从而更加明确地按岗位和职位付薪。薪酬等级制是与以岗位和职务为基础的管理制度相连的，是一种比较传统和正规的管理模式，比较适用于规范的制造业、加工业和机械化程度较高的大型企业等。薪酬等级增加的方法很多，关键是选择在哪个层次上或哪类岗位上增加等级，比如，是增加高层次，还是中、低层次的岗位？是增加管理人员的等级层次，还是一般员工层次？增加以后，各层次、各类岗位之间还需要重新匹配，调整薪酬结构关系等，这些都要慎重考虑。

（2）减少薪酬等级

减少薪酬等级就是将等级结构"矮化"，是薪酬管理的一种流行趋势。目前一些西方企业，倾向于将薪酬等级线延长；将薪酬类别减少，由原有的十几个减少至三五个；在每种类别上，包含着更多的薪酬等级和薪酬标准；各类别之间薪酬标准交叉。薪酬等级减少的直接结果是薪酬等级"矮化"，即合并和压缩等级结构，其优点在于：第一，使企业在员工薪酬管理上具有更大的灵活性；第二，适应一些非专业化、无明显专业区域的工作岗位和组织的需要；第三，有利于增强员工的创造性和促进其全面发展，抑制员工仅为获取高一等级的薪酬而努力工作的倾向。

（3）调整不同等级的人员规模和薪酬比例

企业可以在薪酬等级结构不变动的前提下，定期对每个等级的人员数量进行调整，即调整不同薪酬等级中的人员规模和比例，实质是通过调整岗位和职位等级中人员的变动进行薪资调整。

第三节　高校薪酬制度的改革趋势

21世纪以来，高校之间的竞争日趋激烈。高校扩招、建新校区、水平评估、积极引进人才等政策都受到人事薪酬政策的直接影响。促进高校快速发展、不断提升核心竞争力的目标，要求我们打破陈规、锐意创新、开拓进取，积极探索有益的适合当前实际的薪酬体系。合理科学的薪酬制度能让高校在人才市场上保持竞争优势，稳定校园队伍，吸引优秀人才，进而实现"人才强校"的战略目标。伴随着高等教育的迅猛发展，我国高校薪酬制度的改革将呈现以下趋势。

一、薪酬与绩效挂钩

绩效工资制度之所以得到不断推广，主要是基于多劳多得、优劳优酬的理念。学校应该根据教师的实际工作绩效支付其薪酬，集中奖励表现优秀和有突出贡献的教师，这样有利于吸引并留住优秀人才，激励教师追求卓越。我国目前高校薪酬体系中尽管设有一定的绩效工资，但在执行过程中仍是按照职称的高低或职务的高低确定固定的比例，绩效实际上并没有真正起到激励的作用。站在高校的发展战略高度来看，薪酬和绩效挂钩将越来越受到重视。

二、扩大高校薪酬分配自主权

在市场经济的社会里，高校作为独立法人，在具备稳定支付能力的前提下，应拥有自主制定符合本校特点的教师薪酬制度的权力。国家和地方政府既要对高校进行宏观调控，又要使高校有足够的权力选择适合自身特点的分配模式和薪资水平。国家和地方政府针对不同类型的学校制定出指导意见，按照不同的办学规模、办学层次、办学效益，规定起点不同的工资标准，提出最高、最低收入的参考线，使不同层次的大学教师在收入上拉开一定差距。高校在遵照国家和地方政府规定的薪酬制度政策法规的前提下，可以自主制定与其内外部环境、发展阶段、组织文化高度适应的薪酬制度。

三、薪酬制度灵活化和市场化

在高等教育竞争日益激烈的今天，实现薪酬制度的灵活性和市场化是实现组织的战略目标、使其适应外部环境和组织内部情况变化的必然趋势。学校需要采用薪酬制度灵活化和市场化的运作手段来吸纳、维系和激励优秀人才，进而保持和提升组织的人才竞争优势。在市场经济体制下，市场机制在学校人才流动和选择上发挥着决定性的作用。为了适应市场的变化，薪酬制度的设计要具有一定的灵活性，以提高学校对市场的快速反应能力。薪酬制度的灵活性是指学校为教职工设计出多种薪酬制度组合，教职工可以灵活自愿进行选择。一种薪酬制度不能被用于所有的雇员群体，学校应当根据自身的层次、建设目标，以及教师对学校的战略价值及其在劳动力市场上的稀缺程度，在薪酬管理上对教师进行分类管理。目前，许多高校在引进拔尖人才时，单独制定优惠政策，如提供科研启动费、安家费，安排办公用房，配备工作助手，协助组建研究小组，安排家属子女，等等。有些高校对市场紧缺的特殊专业高级专门人才，在实行岗位目标考核或任期目标考核的前提下实行年薪制等。

四、建立健全高校的社会福利制度

社会福利制度是高校薪酬体系的重要组成部分。随着中国特色社会福利制度的推进，大众要求社会保险和社会福利改革的呼声也越来越高。教育事业单位的社会福利体系应该是与社会主义市场经济相适应的，符合我国国情和高校自身发展规律的，与社会整体保障水平相一致和与政策相统一的福利体系。

完善高校的社会福利制度，不仅为教师的基本生活提供了保障，同时也为高校吸引人才、激励人才提供了有效的保障。

（一）完善福利种类，满足教师需求

福利是教师收入的间接组成部分，通常以非货币化形式支付。教师福利可以设计成两类：法定福利和校定福利。法定福利是根据政府的政策法规要求，高校必须向教师提供的福利。如养老保险、医疗保险、住房公积金、病假、产假、婚假、探亲假等政府明文规定的福利制度及安全保障福利、独生子女奖励等。校定福利是高校在自愿基础上，根据自身特点有目的、有针对性地设置的一些符合本校实际情况的福利，如购房资助计划、购车资助计划、商业保险（寿险、意外险、财产险）、生日及节日购物礼券、节日奖金、教师俱乐部（各种文娱、体育活动、大型晚会、集体旅游等）、教师子女教育辅助计划、休闲旅游资助等。目前高校的福利大多仅限于法定福利，本校自主开发的福利内容很少。随着中国住房、医疗、养老等社会保障体制改革的推行和逐步深化，高校传统的福利优势正在丧失。因此，高校应该通过系统化的设计，配合本校内部的各种管理制度，根据自身特点和学校的发展战略目标制订出既符合本校实际情况，又与实际变动相符合的福利计划，实施多元化的福利制度，使福利内容社会化和时代化，让教师灵活自主地选择最能满足他们自己或其家庭的特定需求的福利组合。

（二）提高福利的针对性和灵活性

福利是为了吸引组织成员到组织工作或维持组织骨干人员的稳定而支付的作为基本薪资的补充项目，从本质上讲，福利是组织给予成员的一项保障性质的薪资，而且它更强调组织给予成员的未来保障。传统的福利制度缺乏针对性和灵活性，教师不得不接受学校提供的福利形式，导致福利失去意义。不同的教师在不同时期需要不同的福利内容，年轻教师现阶段可能更需要休

闲旅游资助和买房资助；中老年教师可能更关注子女教育和商业保险。因此，高校应该实行弹性福利制，根据每个教师的薪酬层次为其设立相应金额的福利账户，每一时期拨入一定资金，列出各种可能的福利选项（购房资助计划、购车资助计划、商业保险、子女教育、休闲旅游资助等）供教师选择，直至福利金用完为止，使福利的效用达到最大化。这样的福利组合计划给人一种关怀备至、体贴入微的感觉，有助于构建和谐校园文化，增强教师凝聚力和归属感。

五、加强劳资档案管理

劳资管理是一项政策性比较强的工作，它关系到每位教职工切身利益。劳资档案管理工作涉及工资、补贴、福利待遇、工人技术等级升级、劳动工资统计，以及劳资档案资料的整理、归档、保管、利用等工作。高校越来越注重对教职工劳资关系档案的管理工作

（一）劳资档案的分类

根据劳资资料归档的去向可将劳资档案分为以下三类：

1. 个人档案资料的归档

高校明确每位教职工的劳动关系档案资料。

2. 文书资料档案的归档

国家、地方政府关于工资、个人收入分配、工龄确认与扣除、学龄、离退休、福利待遇等各方面涉及高校教职工个人利益的政策、法规、文件等。

3. 劳资部门内部日常工资使用资料的整理归档

高校内部奖励、福利，以及内部分配制度的文件与关于教职工待遇的公文审批单或领导批示等。

（二）劳资档案资料的现代化管理

劳资管理工作的延续性要求对劳资工作中产生的信息资料必须收集完整齐全，整理科学合理，提供利用准确及时。这就要求对劳资档案进行科学和现代化管理，具体做法如下：

1. 建立教职工个人信息数据库

建立以教职工为单位的信息数据库，准确输入个人档案中学历学位、参加工作时间、工资异动、工龄确认、职称职务变动情况、出生年月、工资、福利等方面的信息，特殊说明在备注栏中标注，如扣除工龄的原因与依据。

2. 建立个人档案动态管理机制

教职工个人档案中涉及工资、福利待遇的资料必须是完整无缺的。个人

同类别归档资料必须保证资料之间的有机联系，做到对教职工劳资档案信息及时更新。做好这项基础工作，将为劳资工资统计、各类数据的提取及个人收入分配制度的改革提供极大的便捷。有条件的学校还可以开放教职工个人信息库，教职工依据本人密码访问自己的各项信息，这样便于教职工及时了解自己的劳资信息，也便于劳资管理人员及时、准确地更新教职工劳资信息库。

劳资档案管理是一项非常重要的工作，计算机作为一项现代化工具可以促进管理的科学性和高效性。但是任何管理都离不开人，所以只有将操作者和管理者高度的责任感与科学管理方法相结合，才能实现劳资工作快速有效的精确管理。

高校薪酬制度改革是一项系统工程，是高校组织成员之间，高校内部环境与外部市场之间相互作用、相互影响的结果，需要社会、学校、教师、管理者增进共识，形成合力来共同推进。各高校根据学校自身实际情况，坚持"以人为本"，坚持"效率与公平""普惠与倾斜""近期与远期"相结合的原则，充分发挥薪酬的激励、调节、保障功能，使所有教职工都能各得其所、各尽其能而又和谐相处。

第六章　高校教师考核评估

第一节　高校教师考核评估的体系

一、绩效考核理论概述

（一）绩效考核的概念

绩效是一个组织的成员完成工作的结果。绩效考核则是定期考察和评价个人或小组工作业绩的一种正式的制度；是对组织成员的绩效进行识别、测评和开发的过程，是一个同时包含人和数据资料在内的对话过程。这个过程既涉及技术问题，又牵涉人的问题。由于"人"这个在组织中最不确定因素的引入，绩效考核在实际操作中变得困难，因此绩效考核成为人力资源开发与管理中一项重要的基础性工作。

（二）绩效考核的方法

绩效考核方法直接影响考核计划的成效和考核结果的正确性。考核方法应有代表性，必须具备信度和效度，并能为人所接受。信度，是指考核结果必须可靠；效度，是指考核达成所期望目标的程度。一项好的考核方法还应具有普遍性，并可鉴别出被考核者行为差异，使考核者从最客观的角度进行考核。绩效考核的主要方法如下：

（1）等级评估法：将标准分为几个等级选项，如"优、良、合格、不合格"等，考评人根据被考评人的实际工作表现，对每个模块的完成情况进行评估，总成绩便为被考评人的考评成绩；

（2）小组评价法：由两名以上熟悉被考评人工作的主管，组成评价小组进行绩效考评的方法；

（3）强制比例法：根据正态分布原理，在考评分布中，可以强制规定优秀人员的人数和不合格人员的人数。强制比例法适合相同职务被考评人较多的情况；

（4）360度考核法：通过不同的考评者（上级主管、同事、下属和顾客等）从不同的角度来考评，全方位、准确地考评被考评人的工作业绩；

（5）序列比较法：将相同职务的所有被考评人在同一考评模块中的表现进行比较，根据他们的工作状况排列顺序，工作较好的排名在前，工作较差的排名在后；

（6）相对比较法：任何两位被考评人都要进行一次比较。两名被考评人比较之后，工作较好的被考评人记"1"，工作较差的被考评人记"0"，成绩相加，总数越大绩效考评的成绩越好。

二、高校教师绩效考核体系存在的问题分析

（一）高校教师绩效考核现状

高校学校改革和发展的关键在于建设一支素质优良、结构优化、高效精干、人员梯队合理、充满活力的教师队伍。考评制度的建立是对教师进行科学管理和公平奖惩的首要环节。通过定期对教师完成工作的数量、质量进行考核评价，可以全面、客观地了解教师的素质、绩效情况，有利于奖励机制的建立。

一些高校目前还没有为教师建立起一套科学的绩效考核体系，很多高校还是采用季度小结、年度总结、民主评议等方式对教师进行绩效考核。这种考核方法主观性强，缺乏客观、量化、科学的考核指标。不能反映出真实的成绩，失去了应有的激励价值。考核结果大多采用优秀、良好、合格、不合格四个等级，并且对优秀率规定了上限。教师绩效考核手段的不科学，造成了无法准确区分不同教师的不同工作业绩的情况，进而使对教师的激励失去了依据。

（二）高校教师绩效考核存在的问题

1.考核标准不明确

目前还没有一个全国通用的考核标准。有些高校自行制定考核标准的时候随意性强，不注意广泛听取意见，这样就无法制定出一个比较客观的考评标准。只有依据客观、科学的考评标准进行的考核对教师才有激励作用。

2.考核过程不公开、不透明

有些高校在进行考核时，考核过程不公开，教师并不熟悉考核标准、考核程序，使考核工作有一种神秘感，另外考核结果也不公布，不给教师申诉的权利。

3.绩效考评的结果不反馈

缺少反馈的考评是没有任何意义的，学校或院系必须把考评后的结果及时反馈给教师。但是有些学校并不把考核结果反馈给教师，只是交由院系的教务部门掌握，最多只反映给院系一级领导。有时甚至教师本人对考核结果也不知晓。

4.考核结果没有合理应用

如果考核结果不与教师的薪酬、职业发展机会相挂钩，就无法起到激励作用。很多学校并没有对考核结果进行合理应用，久而久之，教师会认为考核只是形式，没有任何实际作用。

三、高校教师绩效考核体系的改进对策

（一）绩效考核体系的改进思路

高校教师的绩效考核体系改进应该按照以下思路进行：

1.绩效考核体系要具有很强的实践性

比如，考核应当是简单易行的，对考核者和被考核者的主要职责范围内的工作不应造成严重影响。另外，绩效考核体系应当与教师的绩效改善密切相关，改善教师的实际绩效水平是绩效考核的最终目的。

2.要坚持结果与过程并重的原则

绩效考核的目的在于最终实现绩效的改善，促进高校目标和高校战略的实现。在绩效考核中，以教师的工作效果和结果作为考核的重点是理所当然的，但是同时也应该重视对工作过程的考核。

3.绩效考核要具有较强的适应性

高校中的教师具有不同的级别，也存在不同管理层次。高校对教师的知识技能、工作方式和工作态度有不同的要求。因此，要对每位教师的绩效水平做出合理、符合实际的评估，就必须根据每个教师不同的岗位特点制定不同的绩效目标和考核办法，即考核要适应岗位要求。

（二）绩效考核体系的指标改进

高校教师的指标改进应该从素质指标、成果指标和教学指标三个方面来进行。高校是教书育人的场所，教师的教学能力非常重要，加强教学指标的考核，有助于提高高校教学质量，改善某些教师重课题轻教学的思想。

1.素质指标

素质指标包括职业道德素质、专业知识素质和专业能力素质三个部分。

职业道德素质包括职业态度、职业责任、职业纪律、职业作风等指标；业务知识素质包括专业知识、文化知识、教育科学知识等指标；专业能力素质包括教学能力、自学能力、科研能力、创新能力和评价能力等指标。

2. 成果指标

成果指标主要对教师的科研成果进行考核。成果指标主要包括学术论文、学术著作、学术课题、知识产权、科技项目等指标。

3. 教学指标

教学指标主要从教师的教学过程入手进行考核。教学指标包括教学目标的明确性、教学内容的科学性、教学方法的恰当性、教学环节的完整性、师生关系的融洽性等。

（三）绩效考核体系的程序改进

高校教师的绩效考核应该从只重视考核向全面绩效管理改进。

1. 绩效计划

在该阶段，高校管理者与教师需要在对教师绩效的期望问题上达成共识。在达成共识的基础上，教师对自己的工作目标做出承诺。

2. 绩效实施与管理

制订了绩效计划之后，教师就开始按照计划开展工作。在教师工作的过程中，高校管理者要对教师进行指导和监督，对发现的问题及时予以解决并对绩效计划进行调整。

3. 绩效考评

在绩效期结束的时候，高校管理者依据预先制订好的计划，对教师的绩效目标完成情况进行考评。

4. 绩效反馈面谈

绩效的过程并不是到绩效考评打出一个分数就结束了，高校管理者还需要与教师进行一次面对面的交谈。通过绩效反馈面谈，使教师了解高校管理者对自己的期望，了解自己的绩效，认识到自己有待改进的地方。

第二节 高校教师考核评估在实践中所面临的问题

随着素质教育的不断深化和创新教育的实施，高校教师的工作职能发生了深刻的变化。这种变化大大地增加了教师劳动的复杂程度，对教师提出了更高、更新的要求。在这种背景下，与之相适应的教师考核评价问题也逐渐凸显出来，备受人们的关注。如何科学地评价教师，成为当前高等教育改革和发展所面临的重要课题。

一、高校教师考核评价存在的问题

高校在进行教师考核评价时，应该根据学校的教育目标和教师应承担的任务，按照规定的程序，运用科学的方法，借助现代技术广泛收集评价信息，对教师个体的工作质量进行科学的判断。目前，尽管各高校普遍实行了教师聘任制，逐渐淡化了身份，强化了岗位意识，加大了教师考核评价的力度，并将考核评价结果同各种利益挂钩，以此来激励教师参与教学和科研的积极性，但对教师工作的具体考核评价还存在许多问题。

（一）重视业务能力评价，轻视师德建设评价

教师被誉为人类灵魂的工程师，他们对学生成长和成材的作用是不言而喻的。高校教师不仅应该具有广博的科学文化知识，而且应该具备高尚的职业道德。可是，在对教师的评价中，教师的业务能力往往可以进行量化，而师德的状况却很难具体化。因此，在对教师进行考核评价时，高校一般都是把教学、科研指标规定得比较详细，比重设计得较大，而对师德的考核指标往往是"粗线条"，导致教师之间拉不开档次。这种考核评价的导向，使教师只重视业务能力的提高，而忽视了师德建设，影响了教书育人作用的发挥。

（二）重视科研评价，轻视教学效果评价

任何一所高校在考核评价教师时，都要对科研提出一些量化指标，这是由学校的规模和发展目标所确定的任务总量所决定的，也是提高办学水平和办学效益的必要之举。但是，现行的高校教师考核评价，凸显了教师科学研究能力，而忽视了对教学效果的评价。一般来说，对教师的考核评价主要有两项指标，即科研和教学，对教学只是量上的要求，教师只要在每学期完成规定的教学任务，就可以通过考核，这对教师没有太大难度。唯一有难度的指标就是科研，因此教师忙于申报课题、撰写论文，忙于教学、提高教学质量，即使是搞教学，也只是追求工作量，忽视了教学内容的更新、教学方法的改进和教学质量的提高。

（三）重视横向比较评价，轻视纵向发展评价

教师所从事的工作是一项复杂而富有创造性的活动。教师与教师之间在学识水平、思想修养、价值取向等方面都有很大的不同。因此，对教师的考核评价应该侧重于每个人的纵向发展。可是，高校在对教师进行考核评价时采用的方法多是横向比较，甚至把不同年龄、不同职称、不同学科的教师放

在一起，用同一个标准进行考核评价，缺少对教师个人基础和发展潜力的考核，更缺少对其创新能力的评价。在对教师的任用上，往往是千篇一律，缺少个性化发展规划。同时，在考核评价中为了追求考核的客观性和指标的可操作性，许多高校忽视定性考核评价，过分注重定量考核的设计。致使教师为完成一定的工作量而忙碌，工作缺少实践性和创新性。

（四）重视聘任结果评价，轻视考核过程评价

高校实施的岗位聘任制，取代了原有的"职称终身制"，实现了"能者上，庸者下"，使一大批高层次、高水平的青年教师挑起了高校教学、科研的大梁。在聘任过程中，一般学校都实行三年一个聘期的制度，在聘任前制定严格的聘任条件，教师根据条件竞聘上岗。但是，在这个过程中，教师更多地是看重结果，认为只要聘上了自己理想的岗位，就可以享受相应的待遇，因而对自己的要求有所放松，最终导致被评价者的功利主义倾向，虚假行为也屡禁不止。这样，非但没有达到实行聘任制的目的，反而阻碍了教师间团结协作精神的发挥，影响了教师教学、科研的积极性。

二、高校教师考核评价存在问题的成因

（一）缺少科学的分类考核评价标准

我国的高校大体上分为三种类型，即教学型、教学研究型和研究型。首先，不同类型的学校对教师考核评价标准不应该一样；其次，同一个学校不同的学科考核评价标准不应该相同；最后，即使是同一学科的教师，科研、教学的比重也不应该相等。可是，在实际工作中，一些学校过于重视网上的排名，对学校定位不准确，片面追求学术水平。所以，对教师的考核评价标准没有科学地分类，导致了对教师的要求不实际。一些学校还忽略了教师劳动的特点和职业的特性，尤其是对一些基础学科教师的考核评价，没有充分考虑其学科的特殊性和绩效产生所需时间较长的特点，在一定程度上存在短视行为，缺少战略性的科学规划。

（二）缺少有针对性的考核评价内容

教师的考核评价应该是全方位的，不应该只看硬指标，更应该重视思想政治表现、人文科学精神、创新能力等教师综合素质和潜力的定性分析。每个学校都应该从自己的实际出发，制定有针对性的教师考核评价内容。但是，很多学校在考核评价教师时缺少针对性，本来是教学型学校，却要把科研放在首位，而对教学质量没有量化考核。这种脱离实际的政策导向，造成了教

师只重视业务能力的提高，忽视了师德建设；重视科研成果的取得，忽视教学效果的发挥。与此同时，考核的内容也缺少相对稳定性，一个聘期一个样，使教师精力达到了极限，不同程度地挫伤了教师工作的积极性。

（三）缺少先进的考核评价手段

对教师的考核评价应该制定一套先进的方法，尤其是在信息化的今天，更应该采取先进的评价手段。可实际上，很多学校对教师的考核评价还是采用原始、笨拙的统计方法，用人工进行统计。即使采用网上评价的方法，由于人们对评价重视程度不同，加上是集中评价，很多人都抱有应付心理。这样很难及时拿出考核结果；此外，考核评价结果的可信度值得怀疑，考核手段落后，缺少即时性、跟踪性、可靠性考核评价，导致很多教师看重的只是聘任结果，忽视了考核过程。

（四）缺少有效的考核评价管理

对高校教师的考核评价是一项技术性很强的工作，能否科学地组织考核，对考核评价质量与结果的可靠性和有效性有着重要影响。可是，由于很多高校人事部门的管理者缺少现代人力资源管理知识，整个管理还停留在原始阶段，导致对教师的考核评价不是研究开发潜能，仅是评价结果，使考核只能产生近期效应。考核中缺少科学、规范的考核评价程序，随意性比较大，很多教师疲于应付，产生了沉重的心理负担。加之管理部门在制定聘任条件时，缺少与教师的沟通，制定的考核评价标准与教师所期望的有差距，使教师对考核评价产生反感。

三、对高校教师考核评价的建议及对策

（一）转变考核评价的传统观念

在过去的教师考核评价中，教师作为被评价的对象，处于被动的地位，教师无法进行自我评价，只能等待领导、同行和学生的评价。现代教育应该抛弃原有的传统观念，树立"以人为本"的理念，突出教师的主导地位。首先，考核评价应着眼于教师的发展。因为教书育人的过程是一个不断追求进步的过程，是教师不断发展和完善的过程，也是自身价值得到提升的过程。因此，应树立一种全新的发展性教师考核评价观，在重视教师当前表现的同时，着眼于教师的未来。其次，明确教师的主人翁意识。让教师积极主动地参与考核评价，也就是说，教师既是考核评价的客体，又是考核评价的主体，既是评价的接受者，又是评价的参与者，使教师主动而富有热情地投入到考

核评价中去，并提出对考核评价的改进意见。最后，树立和谐发展的评价理念。注重动态、纵向的形成性考核评价。可以将教师考核评价理解为一种连续、系统的过程，把交流、协商、研讨贯穿于考核评价的始终，让教师在接受考核评价的同时，增强自己的主体意识。

（二）建立考核评价的立体系统

高校教师的考核评价应该突破以定性为主、固定单一的传统方式，应根据考核评价对象的不同层次、不同内容而有所侧重，注重并提倡过程的、发展的、多角度和多视野的立体考核评价系统。第一，建立学生评价系统。学生作为接受教育的主体，最有权利也最能客观地对教师的教学情况和学识水平做出评价。要细化考核评价的内容，不能过于简单和笼统，可分出层次供学生无记名选择。对教师的评价学校要统一用计算机进行数据分析，并将结果记入教师年度考核报告，作为整体评价的重要依据。第二，建立自我评价系统。教师作为被考核评价的主体应不断反思自己的教育教学理念和行为，不断进行自我调整、自我建构，使自身素质不断提高。因此，教师要积极主动、经常地对自己的工作进行自我评估和反思，随时调整修正不足之处，并不断对自己的知识与经验进行重组，保持一种良好向上的工作状态，完成岗位任务。第三，建立同行评价系统。由于教师了解教学规律，通晓专业知识，相互间比较了解，加上长期的关注和监督，使同行的考核评价具有一定的可信度。同行之间的评价应该侧重于业务素质，重点是教学、科研、学生培养和社会服务方面的工作业绩，以此来促进教师的专业发展。第四，建立专家评价系统。由经验丰富、业务素质高的教师和领导组成专家组，实施"专家督导制"。由这些专家对教师的教学状况和科研成果进行考核评价，使评价更具科学性。

（三）调整考核评价指标体系

教师评价应该是多维度的，在建立教师考核评价指标体系时，至少应从三个维度来考察教师的表现。首先，从教育者的角度考察教师的素质、表现和成就。教师不仅是知识的传授者，更是教书育人的主体。所以，必须把教书育人的考核纳入教师考核指标体系中，并将其作为一项重要内容进行细化，从而便于操作。其次，从学习者的角度考察教师终身学习的意识和能力，以及不断自我完善的表现和成就。要培养学生的创新能力，教师要不断地更新知识，不断地进行探索，了解学科的前沿动态。为此，应鼓励教师进修学习，或在职攻读学位，避免教师知识的老化。最后，从创造者的角度考察教师的创新精神、创新才能和改革成就。教师的创新精神和创新才能应该通过科研成果和教学实践来体现。所以，考核不仅应注重教师科研成果的数量和教学时数，更应该注重质量，将重点放在成果的创新上。

（四）改革考核评价管理制度

为了达到考核评价的目的，应建立一种科学的考核评价管理制度。首先，建立一种激励机制。教师作为教育者，在教书育人中居于主导地位，教师积极性的高低直接影响人才培养的质量。因此，高校必须关注教师的积极性。对教师的考核评价正是调动积极性的一种科学方法，而考核不应以惩罚教师为主，设定的指标更不应以难倒教师为准则。应按照规律，激励教师在竞争的环境中明确自己的目标，勤奋地工作。其次，引入具有长效功能的发展性评价模式。要体现"以人为本"的理念，注重教师个体的特殊性和主观能动性，关注教师的事业发展目标，把学校的办学目标同教师的个人发展目标结合起来，构建发展性教师综合素质评价指标体系，通过绩效评价手段正确引导教师的长期努力方向。最后，构建教师团队绩效评价框架。随着学习型组织、智能型组织理念和实践的兴起，教师之间相互合作，集体攻关课题，已经成为高校发展和提高层次的一种重要形式。为了形成团队的凝聚力，激发和保持团队的工作热情，在团队考核体系上，应当更多地将团队的集体绩效与成员个体的荣誉挂钩，使团队的所有成员都能积极投身团队活动，发挥每个人的作用。

第七章 高校教师多维绩效考核创新研究

第一节 绩效考核的内涵和方法

绩效考核是认识人性的重要手段，是人力资源管理中重要的一环，其在国内外企业已有一定的应用并取得了一定的成效，但其在我国高校教职工考核中的应用尚处于探索阶段。为了促进高校人力资源开发，促进高校传统的人事管理向现代人力资源管理转变，增强办学活力，提高办学水平，高校有必要认清人力资源管理中职工绩效考核的本质。

一、从绩效考核的内涵看高校绩效考核

目前，学术界关于绩效考核的论述主要有以下几种：一是，绩效考核是指主管或相关人员对员工的工作做系统的评估，是一种衡量、评价员工工作表现的正式系统，以此来揭示员工工作的有效性及其未来工作的潜能，从而使员工本身、组织及社会都受益。它可以通过系统的方法、原理来评定和测量员工在职务上的工作行为和工作成果。二是，绩效考核是在员工工作一段时间或工作完成之后，对照工作说明书或绩效标准采用科学的方法检查和评定员工对职务所规定的职责的履行程度、员工个人的发展情况，对员工的工作结果进行评价，并将评定结果反馈给员工的过程，以此判断他们是否称职，并以此作为人力资源管理的基本依据，切实保证员工的报酬、晋升、调动、职业技能开发、激励等工作的科学性。从现象上来看它是对员工工作实绩的考核，但它却是组织绩效管理决策和控制不可缺少的机制。三是，绩效考核是对员工的一种评估制度。它是通过系统的方法、原理来评定和测量员工在职务上的工作行为和工作效果。

从上述三种论述可以看出，三者的共同点是，绩效考核是对员工的工作结果或工作行为和工作成果的评价。不同的是只有第二种认为它是在员工工作一段时间或工作完成后进行的考核，体现出了考核的时间性，指出是事后

考核，考核的依据是工作说明书或绩效标准，同时揭示考核结果必须反馈给员工。只有第一种说明考核的主体是主管或相关人员，考核的目的是衡量、评价员工工作表现，以此来揭示员工工作的有效性及其未来工作的潜能，从而使员工本身、组织及社会都受益。

我们把以事为中心的绩效考核定义为传统绩效考核，以人为中心的绩效考核定义为现代绩效考核，二者的区别如下：一是前者是单向考核，后者是双向考核，管理者与员工是战略伙伴关系；二是在侧重点上，前者注重行为和过程，而后者更注重结果，随着员工知识水平的提高、个性的增强，更注重员工创新和自我价值的实现；三是在考核的结果方面，前者注重惩罚，体现出管理者的权威性，后者注重改善，因为惩罚是手段不是目的，对员工的惩罚所得与组织所受的损失相比，受损失最大的是组织，同时，惩罚并不能有效提高职工的绩效；四是从主管的角色看，前者主管像法官，掌握着对员工惩罚和奖励的权力，后者主管像教练，员工业绩不提高管理者更急，必须像教练一样教员工提高业绩。

高校生存和发展的关键是人员队伍建设，核心是教学、科研和管理队伍建设。高校教学、科研和管理人员以其工作的相对独立性、较强的自主性和较高的学术性等显示出该群体的特殊性。现代人力资源管理是指运用现代科学方法，对与一定物力相结合的人力进行合理的培训、组织和调配，使人力、物力经常保持最佳比例，同时对人的思想、心理和行为进行恰当的引导、控制，充分发挥人的主观能动性，使人尽其才，事得其人，人事相宜，以实现组织目标。可见，人力资源管理最关心的是人的问题，其核心是认识人性、尊重人性，强调"以人为本"。高校职工群体的特殊性显示出人力资源开发的巨大潜力。通过人力资源管理可以有效克服高校传统人事管理中出现的教职工的工作积极性不高，工作效率低下，教学科研水平提高较慢，骨干教师流失严重等现象。因此，高校传统的以工作为中心的人事管理有必要向以挖掘人的潜能，发挥教职工专长，加强个性培养为中心的绩效考核与绩效管理制度转变，使教职员工与学校共同发展。从"绩效"一词的组成来看，绩效考核中的"绩"指业绩，主要指工作所取得的成果，"效"主要指效果，即工作的效果。绩效考核可以理解为是对职工工作业绩和工作效果的考核。不同的岗位有不同的职责，绩效应是履行岗位职责所取得的成果，绩效考核的着眼点是工作岗位，离开工作岗位谈不上绩效考核。不同的工作时间会产生不同的工作成效，工作绩效的考核应是在一定时间内的工作考核。绩效衡量标准是工作岗位的要求，体现出绩效的方向性。效果是工作对象对工作人员工作的反映，只有与员工的工作有关的人员，才能对该员工工作效果做出客观反映。所以，对高校教职工工作效果最有发言权的考核主体应包括工作人员的上级、下级、同事、教师所教学生或职工服务对象及教职工自己。根据人力资源管理理论，高校绩效考核的目的主要在于人力资源的开发，即了解教职工的工作情况，在建立有效的激励机制的同时，进一步对工作的自身因素和环境因素进行分析，寻求更高的个人业绩和组织业绩。通过培训发展员工的能力，使岗位与能力相匹配，通过岗位转换做到人尽其才等，最终达到个人绩效与组织绩效双赢的效果。总之，绩效考核是人力资源管理与开发的手段、前提和依据。绩效考核是人力资源管理中很重要的一个环节。高校教职工的绩效考核是"知人"的主要手段，而"知人"是用人和发展人的主要前提和依据，即它是学校工资管理、人员晋升，特别是人员合理使用和培训的主要依据，是调动员工积极性的重要环节。

二、高校绩效考核是开发高校人力资源的着力点

（一）绩效考核是为了知人

绩效考核通过对职工工作业绩和工作效果的考核，了解职工的工作能力、工作态度、特长、工作效率、工作质量，以及上级、下级、同事、专家及被考核者对其工作业绩和工作效果的全面评价，从而对其工作情况有一个较为全面的了解，了解其工作中的长处和不足，了解其在工作中的个人发展和工作潜力。绩效考核是"知人"的主要手段，而"知人"是用人的主要前提和依据，即绩效考核是人力资源管理与开发的手段、前提和依据。高校教学科研和管理人员往往都具有较高的学历，有些员工本身所学专业与其从事的本职工作存在较大的差异，即使专业对口所用的知识也只是所学专业领域中的很少的一部分，现任工作岗位能否发挥其专长，其特长是什么，这是用好人的关键。所以，高校要充分发挥教职工的积极性、创造性，尤其要重视对人的深入了解，只有知人，才能善用。

绩效主要在工作中体现出来，考核的内容由各种指标构成。指标制定的主要依据是岗位职责，不同的岗位履行职责的内容和要求不同，所以其指标体系也不一样。"一岗一表"的考核方法虽然能充分反映其工作实绩，但可操作性不强，考核体系能简化的尽量简化，但过于简化易使考核流于形式。目前高校教职工考核往往都是采用统一的考核表，高校除教学科研工作岗位外，还有众多的管理岗位和教辅工作岗位，考核指标脱离具体工作岗位只能使考核流于形式。由此也不难理解，为什么每年的评优评先进变成了一种福利，由于按比例下达名额小的部门，工作成效无论怎样好也享受不

到这种"福利"，这种考核对学校的发展很难起到促进作用，难以调动教职工的积极性和创造性。

同时，由于这种评优与职称晋升、暑期休养等挂钩，如此连锁的福利，对学校的发展阻滞作用可想而知。而绩效考核通过每个人工作岗位职责的履行情况对人的工作能力进行分析，一个人工作业绩突出表示其适合这一工作岗位，工作能力强，在这一工作岗位上能充分施展其才华；反之，则表示人岗可能不匹配，所以员工难以取得工作业绩，或工作环境抑制其才华的施展，或本身能力欠缺。需要指出的是，绩效考核是以工作岗位为视角对员工进行的考核，对于从事本职工作以外的能力则无从考核。绩效考核强调考核中的反馈，通过反馈与考核对象沟通，弥补因单向考核而导致的片面性，以达到全面地了解人的目的。知人是用人的基础，也是发展人的基础。绩效考核是从岗位工作出发对人的考核，企业通过考核来了解员工，决定人力资源开发的计划与政策，决定对不同的员工采取不同的培训方法给以不同的薪金。同样，学校的绩效考核对开发人力资源具有重要意义，可以利用考核信息来激励、引导、帮助员工提高能力，提高绩效，端正态度，使员工从怕考核变成要考核，考核找差距找问题，超越自我，给职工以更强的竞争力，给集体以更强的竞争力。所以，考核无论是对个人还是对集体都是一种福利。

（二）绩效考核是为了人的发展

传统人事管理的特点是以"事"为中心，实质是弗雷德克里·温斯洛·泰勒（Frederick Winslow Taylor）的人是"经济人"的思想，采用的是泰勒科学管理理论，其结果是制定工作定额，增加工资、奖金，实行严格管理。要求每个职工一定要把本职工作做好，把工作摆在首位，只有工作好才表现出较强的工作能力，才能获得高工资、津贴和奖励。考核及管理成为控制人的一种手段，考核只停留在获取考核结果上，而对更深层次地对考核结果进行内因与外因的分析，制定进一步提高个人绩效和组织绩效的措施则考虑得很少或根本没有考虑，也就是说没有通过考核来制定培训计划，忽视了促进人的发展等更高层次的工作。忽视了员工的积极性除受物质条件影响，还受到社会和心理因素的影响，如此考核只能给职工更大的压力，不利于其创造性和主动性的发挥。

现代人力资源管理以"人"为核心，管理的出发点是人，目的是使单位取得最佳经济和社会效益。其实质是现代管理理论之父切斯特·I. 巴纳德（Chester I. Barnard）的人本主义思想，人是社会的人，采用行为科学理论，开发人力资源。绩效考核是为人的发展而服务的，其功能主要表现在两个方面：一方面，组织利用绩效考核过程和考核结果来帮助员工，分析绩效不高的原因，排除各种不利因素，促使员工在绩效、行为、能力、责任等多方面得到切实地提高。人力资源部根据考核的结果制订培训计划，有针对性地提高全体员工素质，以推动学校各项事业发展，同时还可以发现员工的长处和特点，根据其特点决定培养方向，使其充分发挥个人的长处，促进个人的发展。另一方面，个人通过考核了解自己的长处与不足，知道领导与同事对自己的看法，以便扬长避短，在工作中不断提高自己的能力。考核不仅是决定员工奖金多少、职级升降的因素，而且是促使每个员工奋发向上，并帮助员工发展的重要手段。

由于高校教职工都有很强的成就动机，为提高个人的工作业绩进行的考核与培训，对加强师资队伍建设、提高学校整体办学水平具有重要意义。而传统的人事管理却往往背离绩效考核的目的，绩效考核只用来评价员工的工作状况，只是决定工资提升与否、奖金发放多少的凭证，导致绩效功能弱化和残缺，使得考核体系存在的价值大为降低。

（三）绩效考核是为了人岗匹配

绩效考核的标准是针对岗位来确定的，而不是针对某人而言的。绩效考核是以岗位职责为依据，对员工履行岗位职责情况进行的考核。如果一个人工作能力很强，但业绩不理想，原因可能有多种，有可能是工作条件和其他环境不利于工作的开展，也有可能是人际关系紧张，还有可能是工作岗位不适合其能力的发挥，即能力与工作不匹配，通过转换工作岗位往往可以取得好的绩效。绩效考核是为了给每个岗位匹配到最适合的人和让每个员工找到最适合的岗位。

"垃圾是放错了地方的财富"，善于用人，是一个单位一个部门成功的关键。绩效考核识人的目的是用人，把人放到最能发挥其专长的岗位。为了使每一个员工都能在最适合自己的岗位上工作，有人提出，绩效考核应对员工进行适应性评价，即进行人岗匹配，可以每隔几年评价一次。尤其是对刚工作的毕业生，在其工作一年后要对其进行一次适应性评价。具体做法是人力资源部将适应性评价申请表下发到各部门，与有意转岗的员工面谈，根据其自身特长与潜力，做到人岗的最佳匹配。高校干部的换岗锻炼，是干部在工作中提高各方面能力的重要途径，如何使更多的人找到最能发挥其才能的工作岗位，是人事管理向人力资源管理转变的重要方面。但高校中传统的人事管理在考核中缺少与考核对象的沟通，没有建立起反馈机制，也没有根据考核结果对职工进行培训的机制，甚至在考核指标中很少涉及具体工作岗位，考核结果难以反映出工作岗位职责的履行情况，年终总结性的考核也往往流于形式。

（四）绩效考核是为了达到组织和个人发展的"双赢"

绩效考核既是一种正式的员工评估制度，也是管理者与员工之间沟通的一项重要活动，其最终目的是改善员工的工作表现，在实现组织目标的同时提高员工的满意程度和未来的成就感，最终达到组织和个人发展的"双赢"。绩效考核强调组织与考核对象的沟通，更强调实现个人与组织的共同发展，所以，发展是考核的主线。

高校传统的人事管理把人作为一种成本，注重投入、使用和控制；而现代人力资源管理把人作为一种资源，注重开发和保护。根据现代管理思想，考核的首要目的是对管理过程进行控制，其核心是了解和检查员工的绩效及组织的绩效，并通过结果的反馈实现员工绩效的提高和组织管理的改善。人力资源管理中衡量绩效总的原则在于是否使个人的工作成果最大化，是否有助于提高组织效率。个人的工作成果最大化一般都有助于提高组织效率。对个人的工作绩效评价必须以有助于提高组织效率为前提，否则就谈不上好的工作绩效。

绩效考核使工作过程保持合理的数量、质量、进度和协作关系，使各项管理工作能够按计划进行。绩效考核对员工本人来说也是一种引导手段，使员工时时牢记自己的工作职责，从而提高员工按照规章制度工作的自觉性。

（五）绩效考核可采用各种方法实现不同的目的

绩效考核是人力资源管理中主要的评价和控制手段。为全面了解员工的工作绩效，人们提出了各种考核方法，如员工比较评价法、行为对照表法、关键事件法、等级鉴定法、目标管理评价法、行为锚定评价法等。这些方法各有千秋，有的方法适用于将业绩考核结果用于职工奖金的分配，但可能难以指导被考核者识别能力上的欠缺；而有的方法可能非常适合利用业绩考核结果来指导学校制定培训计划，但却不适合用于平衡各方利益。所以，为了实现人事管理的各种目的可采用不同的绩效考核方法。

由于员工的绩效是多方面多层次的，所以，绩效考核的各种方法都有其长处和不足。绩效考核各种功能的实现必须依赖于特定的考核方法，但不管采用何种方法，绩效考核反映的都是员工对单位所做的贡献的多少。因此，将考核的结果作为确定员工晋升与否、奖惩和各种利益分配的依据是科学合理的。

仅把考核作为确定利益分配的依据，尽管确实会对员工带来一定的激励，但考核被员工看作一种管、卡、压的方式，会使员工产生心理上的压力，或使考核流于形式。

三、绩效考核方法

（一）建立绩效考核的指标体系

建立绩效考核指标体系的核心是考核内容的合理确定。本文吸收了传统的从德、勤、技、能四个方面进行考核的思想，主要从三个方面对员工工作绩效进行考核，即员工所处岗位的性质、员工在这一岗位上工作业绩、员工的个人素质。

1.员工所处岗位的性质

员工的工作能力和努力程度对工作绩效的影响在一定程度上受岗位性质和工作环境等因素的制约。工作岗位的不同会造成员工考核的误差。为克服这一误差，本方案引入了岗位重要性指标体系。对员工所处工作岗位的重要性进行测量，将员工取得的成绩与其承担的工作责任和工作风险相结合，对关键岗位和对非关键岗位的评分体现出合理的差别。岗位重要性指标体系所包含的子指标主要有对工作结果的负责程度、工作决定的影响范围、完成工作的方法步骤、直接监督人员的层次、工作风险和工作压力。

2.工作业绩

工作业绩考核是用计划目标水平（任务标准）去检查员工在预定期限内完成任务的情况。该项考核的重点在于产出和贡献，而不关心行为和过程。工作业绩指标体系所包含的子指标主要有工作质量、工作量、工作效率和工作考勤。

3.员工个人素质

对员工个人素质进行考核，主要是从单位长期发展的角度来考察员工对本职工作的胜任程度。考核员工个人素质，不仅可以使员工了解自身存在的不足，并不断加以改进，还可以使领导了解本单位整体的人力资源状况，并以此制定提高员工整体素质的措施。如制定培训计划和引进人才等。对员工素质的考核主要从工作能力、个人品德和知识能力等三个方面进行。工作能力考核的具体指标为领导能力、创新能力、应变能力、协调能力、决策能力、执行能力和理解能力。个人品德考核的具体指标为事业心与责任感、思想水平、道德品质、人际关系和遵纪守法情况。知识能力考核的具体指标有知识支撑能力、知识运用能力、知识学习能力和知识促进其发展的潜力。

对上述的各项指标进行分析，找到各指标间的相互关系，进而建立层次结构模型，并在此基础上，确定考核指标的权重。为提高考核结果的可比性与客观性，可采用层次分析法或专家打分法。在具体确定考核指标权重的过程中，应在广泛征求各类人员的意见后确定相对重要性系数，从而使这套指标体系的应用得到员工的充分认可。

（二）定性与定量结合

任何一个考核制度都不可能尽善尽美，有些考核标准无法量化，难以把握，特别是素质评价和工作质量评价都带有一定的主观成分。由于评分者的德、能、识存在各种各样的局限性，而考核制度本身又要求众人按照统一标准来评价被评价者，这样会或多或少造成某种缺陷，最终影响到考核结果的客观与公正。这个问题的解决是一个系统工程，不是任何一个单一的措施所能做到的。为此，必须处理好定性与定量的关系。在评价方法上，有定性的评价和定量的评价。一般对业绩的评价可以定量，对素质的评价只能以定性为主。定量评价比较客观准确，而定性评价的主观性和模糊性比较明显。

为了解决评价的客观性和准确性的矛盾，一方面，要对业绩和素质进行考评，侧重于客观和准确评价的业绩考核；另一方面，要采用数学工具来实现模态转换，即在素质考核中，量化各项考核指标，以提高其客观性和准确性。考绩与考评必须先分后合。业绩是短线考察项目，素质是长线考察项目，应该明确分工，先分后合。每月考察业绩，年终评定素质，最后按照一定比例综合形成干部员工的全年得分。这样，可以在业绩评价中克服评分者年终凭印象评分所造成的主观性。定性的评价方法也多种多样，而且各有利弊。一般地讲，直接上级的考评比较细致和准确，但容易失之过宽；间接上级的考评，比较客观公正，但准确性较差；自我评估有利于上级深入了解被评者的具体情况，调动员工自我管理的积极性，但也容易失之过宽；下级的评分，虽说比较准确，但一般也有过宽的弊病；同级和协作部门的考评，会造成激烈竞争的局面，但又容易失之过严；外聘权威评价部门的考评，客观公正性虽说较好，然而不可避免地会有隔帘问诊、隔靴搔痒之弊。总之，没有任何一种考评形式是十全十美的，只能凭借数学工具，通过它们之间的一定比例的互相牵制，才能使总的评价尽可能地做到客观、公正和准确。

考核只能是定性考核，无法量化。在传统的人事管理中，员工考核不但被严重地弱化，而且考核的方法也只限于定性的描述。如采取述职报告的方式，对员工进行"优秀、良好、称职、不称职"的评价。这只是一种非常传统的考核方法。在实际操作中，定性化的考核虽然也有它的特点，但不易区分每个员工的具体业绩情况，不容易分出优劣次序，容易造成形式化或走过场。这种考核，也只能是一种形式化的考核。经常采取这种考核方法，员工可能会产生无所谓的心理，久而久之，考核变得可有可无。

（三）过程考核与年终考核并举

考核的目的是激励与提高员工的工作积极性，所以考核结论要及时反馈给被评人。对于表现好的要及时给予肯定表扬，对于表现不好的应及时提醒。到了年终考核时，所有的评价都是根据平时的表现而定，这样不仅有说服力，而且人力资源部门的工作也不会繁杂。

（四）标准科学化

考核标准不能根据实际情况的变化而修改，而是多年沿用，一成不变，这是考核的一大缺陷，是科学考核最为忌讳的。考核标准的单一化还表现在对被考核者没有进行分类考核，不是按照个人所从事岗位的特点采取不同的考核方式，而是运用统一的标准和统一的表格进行考核。这种考核即使能取得一定的效果，也只是侥幸取得。

（五）正确运用 360 度考核

在人力资源考核中，360 度考核是一种很好的考核方式。360 度考核在考核领导和员工从而使其自我发展及自我提高时使用。考核者是上级、下级或同事，是让某一员工熟悉的周边同事对其进行评价。前提是考核者要熟悉被考核者。360 度是指周边人士要了解"圆心"——被考核者的日常工作职责，了解其日常工作状况。也可由被考核者自己在周边同事中选择几个人来做评价。对于考核的结果由外面的专业机构来分析，这样可以保证结果的客观性与科学性。这种考核不用担心考核者与被考核者之间的关系如何，考核结果客观真实。因为这种考核是为了发现员工自己的不足，找到完善自己的方式。倘若让不了解该员工的人去进行评价，其结果可想而知。

（六）注意考核的经济性和效益性

在传统的人事管理中，成本观念和经济观念非常薄弱，很少有人对人事管理的效率进行投入产出的经济性分析，认为人事部门只是一种成本部门。在这种观念指导下的人事考核乃至一切人事管理活动，都没有一个效益观念。在此观念的指导下，很多单位为了考核而考核，兴师动众，花费了不少的时间，耗掉不少精力、财力和物力，却收效甚微。与此截然相反的是，现代人力资源管理引入了成本——效益观念。认为人力资源管理活动同其他各项企业管理活动一样，最终目的都是为了创造价值，增进收益。科学考核的目的是增强员工的凝聚力，引入竞争机制和激励机制，从而间接地增进单位的经济效益。

（七）绩效考核结果的反馈

考核是一种手段，不是目的。考核能提供很多有用的信息，但是决不能仅依据考核结果就对员工盖棺定论，而应该把考核结果作为更好地了解员工的手段。考核结果出来之后，应给员工提供持续性的反馈，使员工了解自己的业绩状况和考核结果。同时，创造一个公开的通畅的双向沟通环境，使考评者与被考评者能就考核结果进行及时有效的交流，并在此基础上制定员工未来事业发展计划。一个比较可行的方式是建立评价会见机制。这样，绩效考核才能真正发挥其效用，提高员工的素质，实现组织发展目标。反之会极大地打击员工参与考核的积极性，导致员工逐渐对考核产生一种逆反心理，进而消极对待考核。

总之，员工考核作为现代人力资源管理的一项重要内容，涉及员工的切身利益，在实践操作中必须认真、严谨、科学、细致地进行，以达到员工考核的真正效果。

第二节 高校教师现行绩效考核的系统性缺陷分析

自 1998 年我国高等院校开始扩招以来，全国在校本专科学生人数迅速增长，随着我国加入 WTO 与世界接轨，各高等院校对教师的数量和质量的要求也在发生着变化。如何对高校的主体——教师，进行规范合理的绩效考核，为高等教育的发展提供强大动力，便成为一个突出问题。

合理的教师绩效考核体制，不仅可以保证高校长期计划的实现，推动学术理论建设和人才培养，还能够挖掘教师的个人潜能，促进教师队伍结构优化等。在现有人力资源条件下，最大限度地调动高校教师的积极性、能动性、创造性，使人力资源的配置处于最优状态应该成为高校人力资源管理部门的根本任务。

一、我国高校教师绩效考核现状

我国高校经过几十年的发展，其组织机构的运作程序与我国的经济体制吻合良好，但是，随着我国经济体制发生根本性变化，原本与其吻合的组织机构现在也变得不再吻合。对于高等学校来说，建立科学、合理、高效的绩效考核体系，如今已显得不可或缺。在人力资源管理的各个环节中，绩效考核的地位却常被人们忽视，因为它既不如薪酬、培训那样来得直接，也不比工作分析那样明白易行。而实际上绩效考核是人力资源管理中非常重要、复杂和关键的一环，不可轻视。

（一）现行主要的绩效考核方法

1. 年度考核表法

年度考核表由学校主管部门统一制定，分为教师和职员两种，在年终前由教职工本人认真填写。教师根据自己完成的年度教学任务、科研工作以及参加学术团体等情况以述职报告的形式进行叙述性填写。然后交由主管领导写评语和进行评级，每位教师对自己的最后评价结果并不十分清楚，该结果一般是在评审职称时作为参考。

2. 教学与科研两方面考核

这种方法存在一定片面性，考核形式简单，内容单一。教师的工作不只涉及教学和科研两个方面，其实还有许多无法衡量的方面，如备课的工作量、批改作业的工作量、查阅资料的工作量等。

3. 上级定性为主的考核法

这种方法一般是由各院系的专家、领导组成一个考核小组，对该院系的所有教师的自评、学生测评的结果进行分析汇总后得出一个最后结论。

（二）绩效指标的量化

要考核绩效自然就涉及指标的问题，现在大多数高校都以公开发表的论文数、课时数、专著数及科研经费等可量化指标作为对教师进行绩效考核的依据。

在合理量化的前提下，这样做显然有利于增强考核的刚性，减少考核中的人为干扰，避免考核流于形式，体现客观、公正与公平的原则。

（三）绩效考核结果的处理

如何将考评结果应用于实际，是高校教师和高校管理者共同关注的问题。最直接的表现是在薪酬方面。绩效反馈沟通也需要一些技巧。领导很难了解他所管辖下的每一位教师的心态，所以有时候虽然进行了反馈面谈，但教师的实际绩效并没有明显的改进，并且领导也没有过多的时间去再次审查教师是否真正有所改观。

二、我国高校教师绩效考核存在的主要问题

（一）缺乏明确的目的和正确的态度

目前我国衡量高校教师教学水平和学术水准的最主要标准之一是职称的高低，而多年来我国教师职称评定都是终身制和单一制，缺乏激励因子。原本应作为提高工作效率、加快高校发展的手段的绩效考核，往往被作为发放年终奖金的标准。

（二）时间方法不当导致结果失真

高校教师可划分为教授、副教授、讲师、助教及试用期的教师等。他们有的主要从事教学工作，有的更热衷于学术研究，有的则是二者兼而有之，还有的对行政工作更感兴趣。如果对这些教师都用一把尺子来衡量，很显然是不合理的。

（二）考核标准设计不够合理

教学和科研是对高校教师绩效考核的两大重点内容，学科性质的差异对教学方式有一定影响。艺术类和体育类课程更适合个别化的辅导式教学；社会科学和一些人文类的课程更适合自由讨论式的教学；而一些形式化程度较高的学科，往往需要课堂讲授并配合一定量的习题训练，所以是不能对所有学科采用统一标准的。

（四）反馈不当，改进不大

考核工作一旦结束，就应立刻着手安排"兑现"，对于考核成绩好的教师要给予奖励，对于考核成绩差的教师要让其改正缺点，正所谓"趁热打铁"。另外，绩效考核的结果要与教师第二年的薪酬、培训、晋升、工作调动等挂钩，以起到持续监督的作用。

目前我国有关高校教师绩效考核的研究，主要是从企业人力资源管理的角度，结合企业管理中的一些绩效理念，来构建一个基本的考核体系，强调人本管理，注重基本原则，将各种先进的管理方法和手段加以综合。

第三节　高校教师多维绩效考核原则

高校开展教师绩效考核对促进学科的建设和发展，提高师资队伍的整体水平具有非常重要的作用。考核的目的概括起来主要体现在四个方面：一是

评价教师的业务水平和工作业绩；二是为教师的职务晋升、岗位聘任、调薪和奖惩提供依据；三是为教师的合理使用和培养提供依据；四是调动教师的积极性和创造性。高校岗位设置管理工作的逐步实施，将高校全员聘用制工作推向了新的阶段。这对高校教师绩效考核提出了更高的要求。围绕着新时期加强教师队伍建设、促进学科的建设与发展、促进教育资源的整体优化的目标，高校在国家相关政策的指导下，在教师绩效考核方面进行了有益的尝试。例如，设计量化考核指标体系，将教师的绩效考核与岗位聘任、收入分配机制相结合等。我们应当看到，一方面，高校在教师绩效考核方面进行的有益尝试在很大程度上激活了教师队伍的活力，使教师的政治素质、业务素质有了较大的提高，推动了高校的进一步发展；另一方面，我们还应看到，在教师的绩效考核问题上依然存在不够严细的现象，有些高校甚至没有达到预期的效果，出现了"投入大、收效小"的局面。综合分析理论与实践两个方面的状况，尽管现有研究从微观操作的角度对于教师绩效考核的指标和评价方案等提出不少建议和创新，在宏观指导思想上也有所论述，但对中观层面上能够连接指导思想和考核指标方法的考核原则的研究还比较薄弱。

为此，本书将主要利用现代人力资源管理的理论，对教师绩效考核的原则做进一步探讨。

通过对全国十余所不同类型的高等学校在教师业绩考核和分配机制改革方面实践活动和成果的走访、电话咨询或资料收集，了解其执行中的成功经验和存在障碍，剖析它们在实践中的共同特征，并以现代人力资源管理理论为指导，笔者认为，我国现阶段实施教师业绩考核和分配机制改革应遵循以下一些基本原则。

一、激励与约束对等原则

按照现代人力资源管理的基本原理，任何一个岗位的义务和利益都应当是对称的。因此，对教师的工作业绩考核应当同时考虑激励和约束两个方面，业绩考核的结果直接与收入分配挂钩，充分体现按劳分配、优劳优酬的原则。

对考核结果优秀的教师要给予奖励，但同时对不同岗位的教师也要规定其应完成最低工作量标准。目前由于考核方式的可操作性差等原因，很多学校的业绩考核仅仅停留在"激励"一个方面，而对"约束"方面碍于情面等人为因素和方案的可操作性不强而不加考虑。

二、全面考核原则与相关性原则

每一名教师都应当对学校负有三个方面的义务：教学任务、科研任务和公共服务任务（学科建设、人才建设等）。目前大部分学校对教师工作业绩的基本考核局限在教学工作方面，而将科研工作的成绩考核作为"锦上添花"的项目（只奖励、不约束），对于"公共服务工作"则根本不予考虑。这种现状在很大程度上使"教学""科研""公共服务"三者的定量考核依次变得困难，并且人们在它们的可比性方面没有进行足够的研究。这种现状极大地影响了教师的工作积极性。对科研只奖励不约束的做法导致一些教师产生机会主义倾向：如果从学校得到的科研奖励报酬低于花费同样的精力在校外兼职工作（讲课、咨询等）所得，或者低于在校内从事教学工作的报酬，则他们将倾向于放弃科研工作，导致学校学术发展迟缓，社会和学术影响力减弱；如果高校对教师在公共服务工作方面没有业绩要求，则将导致一些教师不关心学校的事业发展（学科建设、梯队建设等），使学校逐步丧失事业凝聚力。本文的基本观点是，在保证学校完成全部教学任务、不断提高教学质量的前提下，鼓励教师从事学科研究活动和公共管理服务，以全面提升学校的学术竞争力。

全面考核的另一层意思是在教学、科研和公共服务三个方面分别也要考察多个侧面。对于教学，要考核数量、质量、学生指导和教学创新性等；对科研要考察科研投入（经费、立项等）、科研成果（论著、获奖、专利、鉴定等）、学术影响（担任国内外重要学术职务、主持国内外重要学术会议、担任国内外重要学术期刊编委等）等；对公共服务的考核要涉及学科建设、梯队培养、学术交流、教书育人等。相关性原则指的是考核内容应同学校事业发展相关，业绩考核与收入分配改革的根本目的在于促进学校事业发展，而不是仅仅停留在给教师发放福利，更不是吃平均主义"大锅饭"。通俗地说，收入分配改革只向那些对学校事业发展有所贡献的工作业绩进行倾斜，对于延缓学校事业发展甚至损害学校形象的行为不仅不能奖励，而且还要给予约束和必要的惩罚。

三、恰当的定量化原则

为了使考核活动更加具有实际可操作性，建议采用对各类业绩进行评分的方式来考核教师的业绩。根据全面考核原则，在对教师的业绩测算中，应当注意每一个人在教学、科研和公共服务业绩三个方面的均衡发展，每一方面单项业绩有一个"最低单项绩点"。这样，就不会造成某些教师只承担教学工作，从不做科研；而另外一些教师只做科研，从不承担教学工作的情况。此外，对每一个教师都有最低公共服务绩点要求，将增加教师对学校事业的关心程度，提高学校的凝聚力。同时，对公共服务业绩的认可，将客观地承认教师在管理工作中的付出，更好地调动他们的积极性，增强学校的凝聚力。

同时也使专业学院院长、系部主任在管理工作中投入有效的精力和时间。现代高等学校的基本任务一是培养人才，二是创造知识。因此，无论是研究型还是教学型大学，对教师的业绩要求在教学、科研和公共服务三个方面都应当是均衡的。其差异仅在于三个方面的权重不同。但是目前一些学校（即便是研究型大学）在业绩考核的过程中仅仅关注最容易定量考核的教学工作，而将量化困难的科研、公共服务工作放到不重要的地位，甚至根本不加以考核。应当指出的是，定量化能够使考核工作精确化，但并不能保证考核工作的科学化。因此，制定定量标准是必要的，但如何使用这种标准就需要更深入、更切合具体单位实际地研究。任何"一刀切"式的"粗暴的定量主义"行为都只能适得其反。

四、学术自由与个性化原则

对于各个岗位教师而言，上述定量考核应当仅仅规定其必须完成的各项工作（教学、科研和公共服务）的最低绩点，更重要的是应当为每一个教师预留相当大的弹性工作时间。在业绩考核中设计这种弹性框架的目的正是为教师提供必要的学术自由和灵活性，他们可以根据自己的兴趣和特长、实际工作需要等情况，在一定程度上自由地选择从事教学、科研和公共服务的任意组合，从而使自己的劳动付出获得最大的收益。现在流行的考核方式往往忽视了这种十分重要的灵活性，其原因并不在于灵活性本身不重要，而是引入灵活性后会使考核的难度增加，而人们对此普遍缺乏研究。当然，为了保证学校的教学工作的完成，还必须要求每一个教师都服从学校对其教学工作量的合理安排，并把这种服从看作是完成最低公共服务工作的前提。

学术自由的原则还体现在考核期的长短和考核指标的时间跨度上。太短的考核周期将扼杀学术自由，使教师只重数量不顾质量；而太长的考核期又可能引发一些不那么敬业的教师的机会主义倾向。因此，参考目前国内一些学校的做法，以三年作为一个考核周期比较适宜，并在每一年末进行中期业绩检查，给予相应提示。考核指标也主要以考核周期中的"年平均"指标来表示，这一点也是一种创新，因为国内大部分学校现行的考核期都是一年，而国外学校的考核期则比较长一些。

考虑到每一个教师都有其不同的特点，对于在同一种岗位上的不同教师，其"最低单项绩点"可以略有不同，但其分项绩点总和必须是一致的。我们可以粗略地将教师分成五种类型：主要从事科研的"科研型"教师、各专业系中普通的"专业型"教师、主要承担基础性课程教学的"基础型"教师、承担行政管理工作的"管理型"教师、目前正在攻读博士学位的"在学型"教师。对其的教学、科研和公共服务的最低分数要求应当是不同的，因为他们所从事的工作性质不同，对业绩的考核应当充分考虑到每个教师工作的个性。

一个基本的设计是对于同样的岗位，在单项最低绩点之和相同的前提下，分别为上述五种不同类型的人员确定不同的"最低单项绩点"。对于每一个教师的具体单项分数要求，应当由其聘任者根据实际情况，在学校所制定的岗位职责指南的基础上确定。当实际单项分数要求与指南有显著的差异时，制定该要求的聘任者必须向有关上级提交令人信服的说明。

这种具有弹性的业绩要求制定方式是一种创新，因为迄今为止，大多数学校的业绩考核方式还是"一刀切"的简单方式，没有真正考虑到个体差异和实际工作的需求，而本文的这种设计则可以在灵活性和规范性之间取得一种平衡。

五、长期和短期利益结合的原则

对教师业绩考核结果的使用应当同对教师的长期和短期的激励与约束紧密结合。与考核结果相挂钩的激励和约束的工具可以包括：短期工具（岗位津贴发放、年度一次性奖励等）、中期工具（下次岗位聘任权、汽车购置补贴等）、长期工具（高校设立的各种退休后方可支取的长期奖励基金、职称晋升权等）。很多学校在考核业绩结果的使用时往往只考虑了岗位津贴等短期工具，容易导致教师产生短期行为。

六、学术团队建设原则

学校事业的发展主要靠具有学术竞争力的梯队。因此，任何一种业绩考核设计都应当把有利于建设若干由学术带头人所领导的精英团队作为重要目标。为了体现这种思想，第一，所设计的每一个教师岗位并不唯一地对应某个职称，每一个岗位都可以在一定程度上由具有不同职称的教师来参加竞聘，从而调动全体教师的积极性，特别是年轻教师，有利于拔尖人才的脱颖而出；第二，对于以群体方式参与重要科研活动的教师，适当地承认那些"非第一人"的教师的工作成绩。

七、诚信原则

业绩评估的有效性取决于每一个教师申报的业绩评估材料的真实性。为了提倡学术诚信，在进行业绩考核时，采取以下基本考核步骤：教师自己填写考核表；各个专业院、系负责审查每个教师考核表的真实性；学校有关部门随机抽查经院长或系主任签署意见的考核表，并对其真实性做出判断。在这个过程中，所有真实性审查的结果都将被作为被抽查教师、院长或系部主任的业绩考核结果的重要依据之一。

八、逐步优化原则

对教师业绩的定量考核的基础是对不同性质的工作进行度量，使之具有相互可比性。这个工作是一项困难的任务，不可能一次性完成，需要经过实践的检验和校正，通过各类工作量的"供给"和"需求"的动态均衡来完成。在初始方案的基础上，通过征求教师的合理意见，实践检验等逐步优化各项工作量之间的相对比例关系，从而正确地引导教师优化自己的工作量组合，在获得个人最大收益的同时使学校的事业也得到均衡和高速的发展。

九、可操作性原则

制定考核标准的目的是进行考核。过去常常发生的情况是标准制定了不少，但无法进行实际的考核操作，究其原因，大多是缺少规范、可操作的考核程序和方法。因此，在进行业绩考核时，除制定考核标准之外，另一项更重要的工作是制定考核的操作办法、设计和建立业绩考核的组织机构并规定其各自的功能职责和它们之间的协调合作关系。

十、特色原则

开展业绩考核，需要进行教师岗位设置、制定岗位聘任条件和岗位职责。由于各高校发展的历史和水平不尽相同，因此在制定政策和办法时要与本校的实际情况相结合，要考虑到学校本身的发展定位问题，特别是在教师的岗位设置方面要体现自身的特色，切忌照搬照抄；在制定岗位聘任条件、岗位职责时即不能降低标准，也不能难以达到，要充分考虑本校现有教师队伍的实际水平。同时，由于我国现阶段还未实行高等学校高层管理者和管理职员的"职业化"严格管理制度，因此在制定考核标准时也应当注意到各个学校在这些方面的实践特征。

第四节 高校教师多维绩效考核系统

一、高校绩效考核的现实意义

作为人力资源管理的一个重要组成部分，绩效考核不仅是对员工工作实绩的考核，而且是组织进行管理、决策和控制不可缺少的机制。绩效考核指的是对工作行为的测量过程，即对照工作目标或绩效标准，采用科学的定性和定量的方法，评定员工的工作目标完成情况、员工的工作职责履行程度、员工的发展情况等，并且将上述评定结果反馈给员工的过程。

教师考核能够较全面地了解教师的实际状况，反映教师队伍的整体素质和水平。同时，也是对教师管理水平和效益的鉴定，使管理人员更加清楚地知道工作中的问题和差距，及时采取相应措施，解决各个工作环节中暴露的问题，不断改进和完善管理工作。通过考核，教师管理部门能够了解教师岗位需要与教师个体水平是否相适应，教师队伍整体结构组合是否优化合理，教师的工作质量是否符合要求，教师的培训计划是否收到理想的效果，等等。

教育的投资再大，硬件再好，如果没有高质量的教师，学校的办学质量也无法提高。加强教师队伍建设，是提高学校教学、科研水平和人才培养质量的关键，就学校而言，其教师个体素质的高低和整体水平的强弱，直接关系到办学效益的优劣。提高教师素质，加强队伍建设，要采取各种措施，运用各种方式，而通过科学、公正、严格的考核，客观、准确、权威地评价教师个体的和整体的能力和水平，则是一切工作的前提。

二、我国高校绩效考核工作中存在的问题

（一）考核制度存在不足

目前高校普遍在进行人事制度改革，针对教师的考核体系正处于探索阶段，这样就造成了高校在考核过程中只重过程忽视结果、只重量而忽视质，而且考核者缺乏明确的考核目的，主要是为了年底发放津贴，考核制度发挥不出预期的激励作用，发挥不出其在管理方面应有的效能。教师对绩效考核工作的意义和作用缺乏认识，对待考核缺乏认真的态度，应付考核，缺乏主观能动性，使绩效考核失去应有的作用。

（二）缺乏科学、明确的绩效考核指标体系

虽然绩效指标体系在考核评价中具有十分重要的作用和意义，但在实践中要科学地设计一套合理指标体系却是一个不容易实现的目标。考核指标的制定应该与学校自身特点和学校发展战略目标相结合，这样才能将教师的发展与组织的发展结合起来，有些高校设计的指标体系太简单，并不能全面考察教师的综合绩效；有些又过于烦琐，要求过于苛刻，使得教师只注重完成任务，而在创新和提升自身方面顾及不多。这样就造成了考核指标体系不能与

实际工作情况相适应，缺乏全面性与可操作性。

（三）考核周期设置不合理

目前我国各高校的绩效考核多是一年一次，而事实上从所考核的绩效指标来看，不同的绩效考核指标需要不同的考核周期。对于任务绩效的指标，可能需要较短的考核周期。因为在较短的时间内，考核者对被考核者在短时间内的工作效果有较明确、清晰的记录和印象，如果等到年底再进行考核的话，就只有凭主观印象了。同时，对工作的效果及时进行评价和反馈，有利于及时地改进工作，提高工作效率。而对于素质绩效的指标，则适合在相对较长的时间内进行考核。因为这些关于个人表现的指标具有相对稳定性，需要较长时间才能得出结论。

（四）绩效考核重数量轻质量

各高校都在对绩效考核体系进行量化工作，希望制定出量化程度高，甚至是全部量化的绩效考核指标体系，这应该说是一个进步，因为量化的考核指标在很大程度上可避免人为因素的干扰，相对来说比较公平。但过高的量化标准使得教师单纯地追求数量而忽视质量。教师的薪酬是根据教师本人当年所完成的教学课时数发放的，教师更多地关注教学数量的完成，较少关注教学质量的提高和教学方法的改进，这样就失去了绩效考核的作用。

（五）对考核结果缺乏反馈和合理运用

绩效考核工程应该是双向的，甚至是多向的，应该及时地沟通与反馈，考核的最终目的并不仅仅是为了制定各项人事决策，更重要的是要发现问题、找出不足，明确今后改进方向。但目前各高校考核信息不能及时准确地反馈，造成教师对考核体系缺乏理解，甚至产生抵触，很少真正对绩效考核的结果进行认真客观的分析。

考核部门不对教师进行考核结果的反馈或反馈的很简单，不运用反馈结果来对教师进行奖惩、激励和师资的优化配置，考核结果的反馈大多只体现在课时量的奖金上，没有真正利用考核过程和考核结果帮助教师在绩效行为、责任、能力等方面进行切实有效的提升，片面地追求考核的形式，考核结束后有问题的教师仍然没有提高，业绩突出的教师得不到及时的奖励，那么教师就会产生消极、懈怠的心理，从而影响学校健康的发展。

三、构建科学、系统的高校绩效考核体系的研究

（一）对不同学科的教师应采用不同的业绩考核办法

高校往往包含许多学科，由于各学科存在差异性，其研究探索的途径、方法、研究周期的长短，获得成果的形式都各不相同。因此，不能用统一的标准去考核所有学科的教师，这样有失公平。当然也不可能每个学科都制定一个评估指标体系，这样无法统一。对人文社会科学的考核要侧重于研究成果的质量，要正视其客观存在的研究周期。否则，论文或著作要求的数量越多或赋予每本书籍字数的分值越高，越会引导教师一味追求出书的数量而放弃质量。所以，对人文社会学科教师的绩效考核不应要求其在短期内必须出多少成果，要给予他们充分的积累时间。

（二）对不同的教师采用不同的考核期限

大多数高校教师事业心强，孜孜不倦地教学和科研，特别是一些连续几年考核都是优良，且长期从事教学、科研岗位工作并取得一定成果的教师，应为他们提供一个比较宽松的科研环境。因此，可采用三至五年考核一次的办法。当然，对于一些事业心不强，不刻苦钻研业务知识的教师或不思进取的平庸者，要加强考核力度。对连续三年平均教学或科研达不到本学科同类教师平均工作量者，采用低聘岗位或不聘的办法。

（三）在考核教学科研数量的同时更加重视教学科研工作的质量

考核教师教学工作时，除应有一定的数量要求外，还应把学生对教师授课质量的评估和教师从事的教学改革工作及教学方法的好坏作为重要指标，而不是只以课时数的多少来评价教学成绩的好坏；评估论文、著作，不能仅看刊物或出版社级别的高低，还要看引用率、转载率；评估科研项目，不能只看课题级别的高低和项目经费的多少，更要看项目本身有多大的意义及其所产生的社会效益和经济效益。

（四）及时有效地反馈绩效考核结果

考核是一种手段，不是目的。考核能提供很多有用的信息，但是决不能仅依据考核结果对教师妄下定论，而应该把考核结果作为更好地了解教师的手段。考核结果出来之后，应给教师提供持续性的反馈，使教师了解自己的业绩状况和考核结果。同时，创造一个公开的通畅的双向沟通环境，使考核者与被考核者能就考核结果进行及时的有效的交流，并在此基础上制定教师未来事业发展规划。一个比较可行的方式是建立评价考核全面机制。这样绩

效考核才能真正发挥其效用，提高教师的素质与道德修养，实现组织发展远景目标。反之，会极大地打击教师参与考核的积极性，导致其逐渐对考核产生一种逆反心理，进而消极对待考核。

第五节 基于指标集成的高校教师多维绩效考核方法

绩效考核是高校教师人力资源管理的核心环节。是否具有完整的考核指标体系和科学的考核方法直接决定着能否取得客观、全面的绩效考核结果，进而影响奖酬方案的公正与合理，与教师群体工作积极性和人力资源效能的发挥息息相关。更重要的是，绩效考核在根本上牵制着高校教师人力资源多元功能的发挥方向和发挥程度，因此深入研究高校教师的绩效考核方法便显得尤为重要。

但是，绩效考核方法的建立和选择并非单纯的工具确定过程，而是深层次地依赖于对考核对象主体属性的正确认识及考核、评价所遵从的价值标准。对此，有学者曾提出了"事业人"的概念体系并阐述高校教师作为典型事业人群体的人力资源属性和需求特征，本节在此基础上，进一步探讨应用指标集成对高校教师绩效进行综合考核的方法。

一、高校教师资源属性及绩效考核原则

高校教师作为典型的事业人群体，其人力资源属性具有以下特征：

（1）从事人格教育与科学研究工作，事业目标没有客观极限，因此具有持续的工作欲望和动机。

（2）教育效果和资源效益显现周期较长。

（3）典型的脑力劳动者，工作投入程度和工作成果难以测量。

（4）自主性需求较高。

（5）人力资源具有多元功能。

鉴于上述特性，高校教师的绩效考核只有遵从如下原则，才能避免现有考核体系片面、僵化与主观臆定的不足，从而调动考核对象的工作积极性，激发高校教师作为事业人的巨大潜能。

1. 量化考核原则

绩效量化是保证考核公正的重要途径。通过量化目标绩效为教师明确工作要求，利于目标管理制的推行；量化实际绩效便于统计与考核及教师间的横向比较，为评优、职称晋升、奖酬发放甚至解聘提供客观凭证。高校教师所从事的脑力劳动具有不可视性和重复程度低的特点，决定了其工作投入程度、

工作量、工作成果难以测量，为绩效考核的定量化带来了困难。但这绝不是否定定量考核的理由，相反，要通过深入、细化高校教师教学量、教学效果、科研量、科研等级、科研实效等绩效指标，逐一量化，进而集成考核，来避免绩效简单量化所产生的不足，保证定量考核的合理化。

2. 全面考核原则

高校教师除具有教学、科研等直接功能外，还兼具教育行业所潜在要求的育人、社会服务等功能，尤其是在知识经济即将到来的时代，高校教师有条件并应该担当道德教化、文明传承和科技普及的角色。考核对象具有全面行使多重职责的能力和意愿，考核体制就应该相应设计多元化的指标体系筹考评，引导并鼓励高校教师创造全方位的社会效益。当然，对于各考核模块及考核指标在综合考核中的比重和地位，可以通过合理设置模块、指标权重来协调，以便突出重点或服务于高校、院系特定的发展战略。

3. 集成考核原则

分项指标考核在全面评价教师工作绩效的同时，必须经过考核结果集成转化为反映教师总体水平的绩效考核值，才便于为奖酬、评优、培训等后续人力资源管理实践所用。分项考核值的向上集成模型多种多样，不同模型适用于分项指标间的不同关系，同时，不同的集成方法适用于不同的考核结果。

4. 动态考核原则

动态考核原则体现在三个方面：（1）考核指标为开放性体系，可以根据特定高校或院系的实际状况与发展战略添加或增减考核指标项；（2）各子系统、要素、指标在上级考核系统中的权重根据实际情况适时更新；（3）通过指标集成绩效考核的电算化，缩短考核数据处理周期，加快考核频率，以提高绩效考核结果对教师实际绩效的响应性。但在某一考核周期内要保证考核体系的确定和统一。高校教师绩效考核的四个基本原则并不是相互独立的，它们在指导考核体系的建立与考核方法选择过程中要彼此结合，恰当处理分项指标与集成考核的关系、指标量化与主观打分的关系、权重确定与动态调整的关系，真正做到高校教师绩效考核效率与公平的兼顾。

二、高校教师绩效考核指标体系

根据大多高校的实际情况，尤其是研究型大学，并遵从高校教师事业人群体的基本属性和上述考核原则，将高校教师绩效考核体系划分为考核系统、绩效子系统、绩效模块、绩效指标四个层次。其中绩效子系统划分为显性绩效子系统和隐性绩效子系统；显性绩效子系统划分为教学模块和科研模块，隐性绩效子系统划分为育人模块和服务模块；教学模块进一步细分为教学量指标、教学效果指标；科研模块进一步细分为科研量指标、科研等级指标、科研效果指标；育人模块进一步细分为育人活动投入时间指标、育人活动效果指标；服务模块进一步细分为社会服务投入时间指标、社会服务效果指标。

在这样的考核指标体系中，还可以对底层的指标项进行更深入的细分，如教学量包括课时量、学生数量、课程等级、课程难度等要素；教学效果包括学生平均成绩、学生对课程的认可程度、学生对课程的反馈意见等要素；科研量包括科研经费量、科研投入时间、科研投入人数等要素；科研等级考虑科研项目属于国家级重大、重点项目，或省部级项目，或服务地方、企业的应用型研究项目，或自选项目等要素。

上述有关教学和科研的考核是近年高校教师绩效考核的重点，为我们提供了丰富的细化考核经验。但对于隐性绩效中的育人和服务模块的考核相对不足，这些模块大多未被列入教师绩效考核的主流体系，只被作为专项评优的考核内容。因此，将育人和服务绩效纳入教师考核的综合体系中，是针对高校教师作为典型事业人所表现出的资源属性，通过绩效考核体系的重构，深入挖掘事业人人力资源潜能的尝试。

高校教师隐性绩效中的各个指标也分别包括众多可供考虑的要素，如育人活动指标涵盖单位周期内教师参加师生文化、体育活动的次数、时间，举办或参加人文讲座、生活沙龙等活动的频率，具体指导、帮助研究生或特定学生的时间，教师与其他师生的合作关系，同事或学生对教师待人接物、工作作风的评价，等等；社会服务指标涵盖教师从事科技普及、企业咨询等公益性活动的时间、频率及其社会效果等。这些指标在考核的初始会面临组织困难、数据难以统计等问题，但是当信息收集渠道和方式确立之后，会逐步走向程序化，并成为激发事业人全面价值、促进教育伦理回归的实践切入口。

三、赋值与集成模型

（一）指标层业绩值确定

制定全面详细的指标级目标业绩和指标业绩折算方案；统计或搜集教师各业绩指标上的实际业绩情况，按折算方案确定该指标业绩值。其中，对于教学量、科研量、育人活动投入时间、社会服务投入时间等客观项目进行直接统计；对于科研成果价值、企业咨询服务社会价值等要素可由学术分会或专家打分确定；对于教学效果、育人效果、教师工作作风等要素可通过系统化的学生评价表、教师互评获得定量数据。各指标包括的可考核要素多种多样，且为开放性的系统，因此不一一列举其折算方案。

（二）层级权重确定考核体系

层级权重确定考核体系中各层级的权重分派反映教师管理部门对各项目的重视、鼓励程度，是其学科、教育功能发展战略在实践中的体现。各层级内的权重划分要根据学校或学院的学科特点、师资现状、近远期战略由管理者和教师群体协商确定，也可以借鉴集成考核应用成功单位的经验，使得管理者的教育改革目的和高校教师主业突出、多元服务的意愿有机结合起来。

（三）逐层集成模型理论

在逐层集成模型理论中，下级子系统绩效值向上级系统集成有以下四种模型：

（1）约束模型（瓶颈）；

（2）加法模型（互补）；

（3）乘法模型（串行）；

（4）混合模型（串并结合）。

约束模型是基于"木桶理论"以子系统中的瓶颈要素替代作为上级系统的集成值；加法模型表示子系统各要素对于上层系统的集成值具有互补协同作用，应用加权集成的方式获得上层系统集成值；乘法模型反映子系统各要素间为串行协同关系；混合模型综合体现了子系统各要素间串并结合的协同关系。综合分析模型特性和教师绩效考核的基本思想，加法模型最符合全面、量化、集成考核教师多元绩效功能的原则，因此将加法模型确定为高校教师绩效考核的指标集成方法。

四、应用及说明

上述基于指标集成的高校教师绩效多维考核方法是一个系统的逐层绩效考核过程，最终综合绩效值的取得依赖于从指标层到模块层再到子系统层，各层绩效的明确测评和集成，这一特点使其避免了以往评价"由底至顶"跳跃测评、掩盖中间层级绩效差异的弊病，并为后续人力管理环节应用考核结果提供了便利。

基于指标逐层集成考核绩效所带来的多元应用功能总结如下：

（1）经过全面、量化考核所得到的综合绩效值，成为薪金分配、职称晋升、整体评优等人力资源管理实践必需的前提数据。

（2）丰富的指标分布为促进高校教师发挥事业人群体多元潜能奠定了基础，促进其多样化价值体现点的形成。

（3）各层次、各项目绩效的完备性为高校教师的专项评优提供了客观条件，并为特定教师绩效瓶颈的反查提供了平台，进而开展有针对性的培训活动。

同时，该机制也有利于统计、研究教师群体逐层绩效的分布规律，实现"对症下药"的有效管理。但必须说明的是，本节内容仅从促进事业人多元功能发挥的角度提出了全面、量化、集成考核高校教师绩效的思路和方法框架，尚有一些具体的问题需要进一步探讨，比如：各层级中项目权重的分派除文中提及的"成功经验借鉴"之外，是否考虑聘请专业的咨询委员会，仿照德尔菲法进一步加强权重赋值的权威性和合理性；底层指标项绩效值的量化，能否逐步降低主观打分的比例，寻求更加科学、客观的计算方法等，都是基于指标集成的高校教师绩效考核方法继续研究的课题。

参 考 文 献

[1] 马国贤，任晓辉．全面实施绩效管理：理论、制度与顶层设计 [J]．中国行政管理，2018（4）：13-18.

[2] 王洪艳，相美君．平衡计分卡在企业绩效管理中的应用研究 [J]．现代经济信息，2016（3）：101-102.

[3] 祁占勇．高校绩效管理的本质特征及其价值取向 [J]．教育研究，2013，34（2）：92-96.

[4] 李军．高校教师绩效管理体系的构建 [J]．高等教育研究，2007（1）：54-58.

[5] 葛晓琴．论加强高校绩效管理的逻辑与思路 [J]．河北学刊，2010，30（6）：232-235.

[6] 邹婉萍．高校管理人员绩效考核机制的研究 [J]．法制与社会，2014（33）：179-180.

[7] 康玲，邱秀荣．高校预算绩效管理问题研究 [J]．会计师，2019（17）：16-17.

[8] 帅毅．高校绩效预算管理模式研究 [J]．财会研究，2018（1）：56-59.

[9] 向秋华，冀庆斌．高校教师绩效管理体系探讨 [J]．图书情报导刊，2005，15（6）：219-220.

[10] 胡睿．我国高校绩效管理研究的文献分析 [J]．教育理论与实践，2011，31（28）：61-64.

[11] 戴剑．我国高校教师绩效管理研究 [J]．经济师，2016（12）：236-237.

[12] 覃绍娇．基于心理契约的高校教师绩效管理研究 [J]．西部素质教育，2016，2（4）：33.

[13] 宋莉芳．基于目标管理的高校教师绩效考核问题初探 [J]．中外企业家，2017（18）：164-165.

[14] 吴颖，崔玉平．我国高校教师绩效管理的问题分析与对策选择 [J]．集美大学学报（教育科学版），2017，18（1）：13-18.

[15] 李爱华，谭剑. 平衡计分卡在高校教师绩效管理中的应用研究 [J]. 环球市场，2017（20）：51-52.

[16] 崔诣晨，张美红. 绩效管理：高校教师档案管理的新常态 [J]. 档案与建设，2016（4）：13-16.

[17] 张万朋，涂萍萍. 拉弗曲线理论视角下"双一流"高校教师绩效管理的滞涨现象解析 [J]. 现代大学教育，2019（6）：79-85.

[18] 李冲，林焕翔，苏永建. 绩效考核、知识共享与高校教师科研创新关系的实证研究 [J]. 现代教育管理，2018（9）：56-62.

[19] 赵一鸣，郝建江. 大数据思维对高校教师绩效管理的启示 [J]. 中国教育信息化，2017（5）：1-3.

[20] 吕杰. 高校教师绩效工资激励机制的优化 [J]. 经营与管理，2016（2）：149-150.

[21] 张璐. 浅析民办高校教师绩效考核管理 [J]. 人力资源管理，2016（4）：109.

[22] 王清河，曹凯，杜少杰，等. 高校教师教学科研绩效考核信息系统的设计 [J]. 实验室研究与探索，2017，36（4）：218-220；271.

[23] 马强. 高校教师绩效管理改革实践与思考 [J]. 价值工程，2017，36（10）：77-79.

[24] 鞠晓红，牛熠. 基于 OKR 的高校教师绩效管理模型及实施路径研究 [J]. 黑龙江高教研究，2020，38（2）：82-87.

[25] 张飞，杨芝，王济平. 360 度绩效考核法在高校教师教学绩效考核中的应用研究 [J]. 教育探索，2020（5）：83-85.

[26] 曾朝夕. 高校教师思想政治教育绩效管理的定量评价指标研究 [J]. 思想理论教育导刊，2016（11）：156-159.

[27] 任永灿，赵辉，李海红. 多学科视角下的高校绩效管理与教师发展策略研究 [J]. 现代教育科学，2017（6）：50-54.

[28] 彭济红. 绩效管理理论在高校教师管理中的应用 [J]. 山西青年，2018（2）：145-146.

[29] 王雪，陈大胜. 高校教师绩效管理制度面临的困境及其应对 [J]. 中国林业教育，2019，37（1）：38-41.

[30] 王祎. 高校教师教学管理关联的绩效评价数据库构建 [J]. 中国信息化，2020（11）：82-83.

[31] 张征. 民族地区高校师资队伍结构研究 [J]. 教师教育论坛，2018，31（7）：4-8；18.

[32] 张煜，李翠芬. 向应用型转变背景下高校青年教师队伍结构优化研究

[J]. 教育观察, 2018, 7 (19): 50-52; 63.

[33] 谭诚, 张越强, 郝书俊. 地方应用技术型本科院校教师队伍结构优化研究 [J]. 科技风, 2019 (36): 244-245.

[34] 李卓, 王永友. 论新时代高校思想政治理论课教师的知识结构 [J]. 广西社会科学, 2019 (7): 179-183.

[35] 王利爽, 阳荣威. "双一流" 建设背景下 "C9 联盟" 高校师资队伍及结构调查研究 [J]. 大学教育科学, 2017 (6): 32-37.

[36] 崔海霞, 孙钟玲. 从高校辅导员队伍结构调整看青年教师担任兼职辅导员 [J]. 科教导刊, 2018 (26): 75-76.

[37] 刘中玲. 我国高校教师聘任类型的分层 [J]. 教育现代化, 2016, 3 (24): 102-103.

[38] 郭红, 吕春玲. 浅议高等学校教师职务聘任制的改革与完善 [J]. 辽宁教育行政学院学报, 2016, 33 (3): 38-40.

[39] 杨铁铮. 民办高校教师聘任合同的不完全性及其治理 [J]. 漯河职业技术学院学报, 2016, 15 (6): 27-29.

[40] 王晓淑. 高校教师聘任合同性质辨析与定位 [J]. 法制与经济, 2018 (8): 96-97.

[41] 郭晶晶. 高校教师聘任制存在问题与对策探讨 [J]. 考试周刊, 2017 (4): 148.

[42] 刘雪梅. 高校教师聘任制下的绩效工资改革 [J]. 教育教学论坛, 2016 (29): 26-27.

[43] 孙玉婷. 基于职业特点视角的高校教师聘任制度探究 [J]. 当代教育实践与教学研究(电子刊), 2016 (10): 88-89; 86.

[44] 谭可心. 关于现行民办高校薪酬管理制度的几点思考 [J]. 经贸实践, 2016 (17): 189.

[45] 刘军仪, 杨春梅. 人力资本视角下中美高校教师薪酬制度的比较研究 [J]. 高教探索, 2017 (7): 68-72.

[46] 任素娟. 提升高校教师薪酬管理有效性的对策 [J]. 中国乡镇企业会计, 2016 (7): 184-185.

[47] 邱模欣, 任意, 王修萍. 激励改革架构下关于我国高校教师薪酬管理调整 [J]. 人力资源管理, 2017 (12): 395.

[48] 张美艳, 李鹏. 论高校薪酬管理公平性对教师工作的影响 [J]. 智库时代, 2019 (11): 161-162.

[49] 贾昕. 高校薪酬管理中的青年教师激励性分析 [J]. 新一代, 2017 (13): 28.

[50] 蒋莉. 基于人力资本视角的高校教师薪酬管理探析 [J]. 中国市场，2018（25）：92-94.

[51] 张杨. 基于职业特质的高校教师绩效薪酬管理探索 [J]. 唯实（现代管理），2016（12）：40-41.

[52] 夏睦群. 对深化高校教师考核评价制度改革的思考 [J]. 中国高等医学教育，2017（2）：13-14.

[53] 李世玉，董朝霞，姜福杰. 高校教师考核评价机制改革研究 [J]. 人力资源管理，2017（3）：119-120.

[54] 张仕英. 基于分类管理的高校教师考核评价机制研究 [J]. 管理观察，2018（14）：117-118.

[55] 李晖，常浩. 高校教师绩效考核实践研究 [J]. 科教导刊，2018（2）：66-68.

[56] 秦春雷，马川. 构建新型高校教师考核评价体系的探索 [J]. 北京农业职业学院学报，2016，30（2）：79-82.

[57] 金文芳. 基于人力资本理论的高校教师激励机制研究 [J]. 文化创新比较研究，2018，2（13）：148；150.

[58] 刘宇文，唐旭. 我国高校教师学术激励机制价值取向变迁及发展趋势 [J]. 湖南师范大学教育科学学报，2016，15（6）：111-115.

[59] 刘颖. 高校教师激励机制现状与创新对策探析 [J]. 吉林广播电视大学学报，2018（11）：109-110.

[60] 胡之光. 基于公平及博弈理论的高校教师激励机制研究 [J]. 大学教育，2019（3）：193-195.